武 汉 大 学 百 年 名 典

社 会 科 学 类 编 审 委 员 会

傅殷才生于1929年11月，湖南省桃江县人。1951年考入武汉大学经济系，1955年本科毕业后被选送到北京外国语学院留苏预备部学习，1956至1960年留学于苏联莫斯科大学经济系做研究生。1961年初回武汉大学经济系任教，长期从事外国经济思想史和当代西方经济学说的教学科研工作。1990年作为福特基金会高级访问学者在美国衣阿华大学进行学术研究。曾任武汉大学经济学院教授、博士生导师、武汉大学经济发展研究中心副主任、《经济评论》杂志主编、中华外国经济学说研究会理事、全国马克思列宁主义经济学说史学会理事、湖北省外国经济学说研究会会长等职。主要著作有《加尔布雷斯》、《当代西方主要经济思潮》、《西方利润理论研究》、《新保守主义经济学》、《经济学基本理论》、《制度经济学派》等等，还主编《当代世界十大经济学派》丛书（共10卷），并培养了大批经济研究的专门人才，十几年来指导和培养研究生共50多名，其中博士生21名。1992年开始享受国务院政府特殊津贴。1994年被评为武汉大学特级优秀教师、湖北省优秀教师。1996年7月9日不幸病逝，享年67岁。

武汉大学
百年名典

当代西方主要经济思潮

傅殷才 著

武汉大学出版社

WUHAN UNIVERSITY PRESS

图书在版编目(CIP)数据

当代西方主要经济思潮/傅殷才著.—武汉：武汉大学出版社,2024.1
武汉大学百年名典
ISBN 978-7-307-24047-6

Ⅰ.当…　Ⅱ.傅…　Ⅲ.经济思想—研究—西方国家—现代
Ⅳ.F091.3

中国国家版本馆 CIP 数据核字(2023)第 195567 号

责任编辑:黄金涛　　　责任校对:李孟潇　　　版式设计:马　佳

出版发行:**武汉大学出版社**　　(430072　武昌　珞珈山)
　　　　　(电子邮箱:cbs22@ whu.edu.cn　网址：www.wdp.com.cn)
印刷:武汉中远印务有限公司
开本:720×1000　1/16　印张:14　字数:206 千字　插页:4
版次:2024 年 1 月第 1 版　　2024 年 1 月第 1 次印刷
ISBN 978-7-307-24047-6　　定价:99.00 元

《武汉大学百年名典》出版前言

百年武汉大学，走过的是学术传承、学术发展和学术创新的辉煌路程；世纪珞珈山水，承沐的是学者大师们学术风范、学术精神和学术风格的润泽。在武汉大学发展的不同年代，一批批著名学者和学术大师在这里辛勤耕耘，教书育人，著书立说。他们在学术上精品、上品纷呈，有的在继承传统中开创新论，有的集众家之说而独成一派，也有的学贯中西而独领风骚，还有的因顺应时代发展潮流而开学术学科先河。所有这些，构成了武汉大学百年学府最深厚、最深刻的学术底蕴。

武汉大学历年累积的学术精品、上品，不仅凸现了武汉大学"自强、弘毅、求是、拓新"的学术风格和学术风范，而且也丰富了武汉大学"自强、弘毅、求是、拓新"的学术气派和学术精神；不仅深刻反映了武汉大学有过的人文社会科学和自然科学的辉煌的学术成就，而且也从多方面映现了20世纪中国人文社会科学和自然科学发展的最具代表性的学术成就。高等学府，自当以学者为敬，以学术为尊，以学风为重；自当在尊重不同学术成就中增进学术繁荣，在包容不同学术观点中提升学术品质。为此，我们纵览武汉大学百年学术源流，取其上品，掬其精华，结集出版，是为《武汉大学百年名典》。

"根深叶茂，实大声洪。山高水长，流风甚美。"这是董必武同志1963年11月为武汉大学校庆题写的诗句，长期以来为武汉大学师生传颂。我们以此诗句为《武汉大学百年名典》的封面题词，实是希望武汉大学留存的那些泽被当时、惠及后人的学术精品、上品，能在现时代得到更为广泛的发扬和传承；实是希望《武汉大学百年名典》这一恢宏的出版工程，能为中华优秀文化的积累和当代中国学术的繁荣有所建树。

《武汉大学百年名典》编审委员会

目　　录

第一篇　国家干预论(可调节的资本主义)

绪　　论

(一)研究和批判当代西方经济思潮的重要意义

党的十一届三中全会以来，在研究西方经济思潮和经济学说方面，发生了可喜的变化。但是，直到现在，还有同志认为，既然西方经济思潮和经济学说是为资本主义辩护的庸俗经济学，其全部内容没有什么可取之处，不值得加以研究。我们认为，这种观点是片面的，甚至是错误的，研究当代西方经济思潮，对学习、研究和发展马克思主义经济学(政治经济学、经济学说史、世界经济……)，对我国社会主义现代化建设，对提高我们的思想水平和抗御资产阶级思想的能力，都有着重要的意义。

应当强调指出的是，我们对资产阶级政治经济学(经济思潮、经济学说)必须采取批判的态度。这是因为，政治经济学是一门阶级性很强的科学，一个学说为哪个阶级服务，是正确还是错误，是阻碍社会发展还是推动社会前进，必须明辨清楚，一点也不能含糊。1859年出版的马克思的《政治经济学批判》，就是以"批判"作为书名的。《资本论》也是以《政治经济学批判》作为副标题的。正如恩格斯在对《资本论》第一卷的书评中指出的："在这部书中作者怀着愤怒的心情，把现在流行的鄙俗的政治经济学，或者像他极其恰当地称为的'庸俗经济学'，与它的古典的先驱者(到李嘉图和西斯蒙第止)对立起来，并且对古典派也采取批判的态度，同时始终力图不离开严格科学研究的道路。"[①]在

---

① 《马克思恩格斯全集》第16卷，第233页。

1

当代资产阶级经济学，特别是在一般理论的政治经济学著作中，辩护性和反动性更加强烈了，我们必须保持清醒的头脑，决不能匍匐在资产阶级经济学家面前，在理论上不予批判，在实践上照抄照搬。我们如果能够抱着这样坚定的马克思主义的科学态度，研究当前西方经济思潮，就是非常必要的。

1. 学习马克思主义政治经济学所必需

我们这里说的当代西方经济思潮，是指当代资产阶级经济思潮和经济学说而言。它是旧的资产阶级庸俗经济学的继续和进一步发展，是资产阶级政治经济学史的重要组成部分，或者说，是现代的或最新的资产阶级经济学说史。

大家知道，马克思主义政治经济学是研究社会经济发展规律的，它是所有马克思主义经济学科的基础，而资产阶级政治经济学则是为资本主义辩护的，但它同样是所有资产阶级经济学科的理论依据。因此，研究经济学说史，特别是研究当代西方经济学，必须认真研究马克思主义政治经济学。但另一方面，要研究和掌握马克思主义政治经济学，也必须了解经济学说史，只有探明了各社会经济形态的经济学说产生、形成、发展、斗争和更替的历史过程，弄清了经济学说是如何以及在怎样的条件下发展的，才能彻底地批判资产阶级政治经济学，更深刻地理解和掌握马克思主义政治经济学的基本原理。

政治经济学和经济学说史（包括政治经济学史）的这种关系，从马克思的《资本论》中看得十分清楚。《资本论》第四卷制定了从十七世纪到十九世纪中叶的科学的政治经济学史，对政治经济学史作了最透彻的分析，准确地判定了各资产阶级经济学家在经济科学中的功绩（主要是古典学派）、缺陷和作用，说明了各个理论原理的提出和发展过程。《资本论》第四卷不仅对政治经济学史，而且对政治经济学都有巨大的意义，没有这一卷所阐述的政治经济学史的知识，就不可能深刻地掌握《资本论》前三卷所论述的政治经济学基本问题。

当前，我们要深刻地掌握马克思主义政治经济学，没有政治经济学说史的知识是不行的，但是，已经远远不能局限在本世纪以前的政治经济学产生和发展的历史，而更重要的是研究当代西方经济思潮和经济学说，没有这一方面的研究，决不可能深刻回答马克思主义政治经济学提出的各种现实问题。

实际上，这也是教学和科研理论联系实际的问题，是要重视当前世界的新现象和科学新成就的问题。有的同志在讲授马克思主义政治经济学的基本理论时，只是重复批判马克思早已批判过的旧资产阶级庸俗理论，而根本不提当代资产阶级经济学所发生的变化。学生对这样的教学内容不感兴趣，是毫不奇怪的。

当代资产阶级经济学家在各方面对马克思主义提出了挑战，我们应当回答他们提出的问题。这就需要我们分析现代资本主义政治经济的现实情况，分析他们所代表的阶级的利益，同时，还应当追溯现代资产阶级经济理论的来源，探究其发展线索。毫无疑问，旧的资产阶级庸俗经济学仍然应当批判，但更应当研究它从产生到现在的发展，并着重说明它在当代的表现，以及目前所起的作用。

例如，我们在研究和学习马克思主义剩余价值理论时，必须考察和批判资产阶级的利润理论。我们知道，重商主义对利润作了最初的说明。他们认为，利润是在流通领域和对外贸易中由于低价购买高价出售而得到的所谓"让渡利润"。取而代替重商主义的重农学派的功绩在于，他们把剩余价值的起源问题从流通领域转到了生产领域，从而奠定了分析资本主义的基础。但重农学派认为，只有在农业中才创造剩余价值(魁奈的所谓"纯产品")，因为在农业生产中有各种自然力参加工作，使得使用价值的增加高于生产费用。古典学派亚当·斯密和李嘉图对剩余价值起源问题作出了重大贡献。他们提出了不仅农业，而且所有物质生产部门均创造价值的原理。而且，斯密把利润看作是新价值扣除工资以后的余额，他认为：雇佣工人创造的价值分为两部分，其中一部分支付劳动者的工资，另一部分支付雇主的利润，利润的多少取决于资本家占有工人无偿劳动的多少。但是，斯密还从三种收入(工资、利润和地租)构成价值的理论出发，错误地认为利润是资本的"自然报酬"。李嘉图发展了斯密利润学说中的科学因素，十分重视自己的关于工资与利润相互对立的见解。但由于社会历史条件和阶级局限性，古典学派也不能创立科学的剩余价值理论。

十九世纪三十年代，由于资产阶级夺取了政权而成为统治阶级，从此，庸俗学派代替了古典学派。庸俗经济学家萨伊依据斯密关于利润是资本的"自然报酬"的观点，提出了掩盖利润本质的"三位一体公式"(劳动—工资、资本—利润、土地—地租)。接着，西尼耳又鼓吹最庸俗最反动的"最后一小时"理论。这些庸俗理论，在马克思的批判下，特别是在《资本论》提出了"剩余价值理论"以后，就烟消云散了。但是，资产阶级经济学家决不就此罢休，他们在十九世纪末二十世纪初竭力鼓吹"边际生产力论"和"时差利息论"，企图以此对抗马克思的剩余价值理论。对于这一时期的资产阶级经济学及其庸俗理论，是应当研究和批判的，但不应到此止步，而不再去研究当代资产阶级的经济学说了。

由于帝国主义时代资本主义矛盾加深，科学技术迅速发展，当代资产阶级经济学为了适应新的形势和垄断资本的需要，提出了许多"新理论"，或者对旧的理论加以改造，以新的面貌出现。

在当代资产阶级经济学中，最重要的利润理论大致有以下几种：(1)利润是生产要素的收益和技术革新的报酬。在当代资产阶级经济学中，广泛流行"资本生产力论"，它在"生产三要素"(资本、土地、劳动)的基础上补充了一些新的"生产要素"，如技术进步、科学、国家等。认为这些"要素"都能增加收入，产生利润。美国经济学家奈特认为利润是从复杂的和看不见的技术进步中得到的暂时收入，熊彼特则断言利润是成功的技术革新者所赚到的金钱。(2)利润同不肯定性有关，是承担风险的报酬。当代资产阶级经济学家用人的心理来解释利润，认为利润同风险和不肯定性密切相关。萨缪尔森强调说："在考察任何利润数字时，我们必须永远把不肯定性和风险考虑在内"，"在许多情况下，好运气是积累大量财富的强大因素"[①]。(3)利润是劳动收入，即工资的特殊形式。美国经济学家萨克说，企业主的收入同他们管理工厂、组织生产过程时所付出的劳动和给予社会的

---

① 萨缪尔森：《经济学》中册，商务印书馆，1981年，第340页。

服务，完全相适应。英国经济学家哈罗德也说，人们以其服务、个人的热忱、想象力、勇敢而赚得利润。(4)利润是垄断收益。在美国经济学家张伯仑看来，资本主义市场上的一切商品都是有差别的，正是这种差别造成了垄断。因此，这些有差别的商品生产者，其中包括简单商品生产者和资本主义小商品生产者，全都是垄断者。而由于产品的差别，他们都可以得到垄断利润。但是，他又认为，生产传统商品或标准化商品的大公司不属于垄断组织，因而否认真正的垄断组织获得惊人庞大的垄断利润的事实。(5)凯恩斯的"资本边际效率"理论。凯恩斯认为资本家没有剥削工人，资本家的利润完全是资本家的资本资产自己生产出来的。他把利润转换为"预期利润率"，巧立名目，叫做"资本边际效率"，企图造成这样的错觉：似乎资本边际效率意味着资本的未来收益只是由现在投下的资本资产的效用自身产生的。

主张上述各种利润理论的当代资产阶级经济学家以及旧庸俗经济学者，并不否认资本家追求利润，不否认利润是企业的动力，但现在出现了加尔布雷思这样的新制度经济学家，他认为，大公司里的资本所有者已经被剥夺了权利，权利转到了所谓由科学技术人员、专家、经理人员等组成的"专家组合"手里，企业的目标已不是追求最大限度利润，而是企业的稳定、经济的增长和技术进步了。

从以上利润理论演变的例子，可以清楚地看到，只有研究当代西方经济学，才能对经济学说史，首先是对政治经济学史的发展有一个完整的概念。因为政治经济学史的任务就是研究从十七世纪直到当代为止政治经济学产生和发展的过程，它的内容就是政治经济学基本原理产生和进一步发展的历史。如上面所说的，要研究资产阶级利润学说，就必须研究它从重商主义到当代资产阶级经济学的发展和演变。我们研究政治经济学的其他问题，都应当如此，这是唯物辩证法所要求的，"辩证法在考察事物及其在头脑中的反映时，本质上是从它们的联系、它们的连结、它们的运动、它们的产生和消失方面去考察的。"①

---

① 《马克思恩格斯选集》第3卷，第419—420页。

2. 有助于了解西方经济现实与经济政策

研究当代西方经济学说，对了解西方资产阶级政府的经济政策、资本主义的社会经济制度和现实经济情况，有着极为重要的意义，因为当代资产阶级经济学说是目前资本主义国家制定政策的理论依据，是它们的现实经济情况的反映（尽管是歪曲的反映）。可以说，经济学说、经济政策和现实经济情况（主要是社会经济制度）是三位一体、密切相关的。前两者属于上层建筑，后者是基础。它们之间的关系是基础与上层建筑的关系。社会的基础，即社会的经济制度，决定着上层建筑。随着基础的改变，其上层建筑也就发生变化。正如列宁所说的："人的认识反映不依赖于它而存在的自然界，也就是反映发展着的物质；同样，人的社会认识（就是哲学、宗教、政治等各种不同的观点和学说）也反映社会的经济制度。"①因此，正确理解基础，对研究经济学说而言具有头等重要的意义。当代资产阶级经济思潮和流派，都是在现代资本主义经济制度之上产生的，都以不同的方式反映现实经济生活，所以它们的本质是一样的。但是，应当指出，经济思想（观点、理论）虽然直接决定于基础，但并不意味着各种经济思想仅仅反映社会的基础，除此之外，就再也没有别的了。马克思告诉我们，不能这样简单地看问题，他写道："……相同的经济基础——按主要条件来说相同——可以由于无数不同的经验的事实，自然条件，种族关系，各种从外部发生作用的历史影响等等，而在现象上显示出无穷无尽的变异和程度差别，这些变异和程度差别只有通过对这些经验所提供的事实进行分析才可以理解。"②这就说明，为什么在同一时代，同一经济制度下的经济学家的观点有千差万别，有各种流派出现。我们应当在马克思主义指导下，深入研究资产阶级经济学家所代表的阶级和阶层的利益，他们的环境、思想、经历、作用、影响等，对他们作出具体的分析。

---

① 《列宁全集》第 19 卷，第 5 页。
② 《马克思恩格斯全集》第 25 卷，第 892 页。

但是，上层建筑一经产生，反过来对基础也发生一定的作用。经济思想，同其他社会思想一样，不单纯消极地反映社会基础，而是这样或那样地影响它。经济思想对基础影响的程度和性质是不同的，或者为生产关系一定适合生产力的规律开辟道路，或者妨碍这一规律发生作用。从根本上说，当代资产阶级经济学说是反共产主义、反马克思主义的，所以它现在完全成了替垄断资本主义辩护，阻止社会发展的庸俗经济理论。这一点，我们从美国和英国的情形看得十分清楚。

当前，美国里根政府信奉的供给学派理论，是从美国垄断资本主义这一反动社会经济制度中产生的，是替垄断资本服务的，但它对美国经济又产生了一定影响。根据供给学派的理论，里根政府实行了下列主要政策：(1)大幅度减税，以刺激私人和企业工作、储蓄和投资的积极性，扩大生产，同时增加政府财政收入，以降低赤字；(2)削减政府开支，特别是福利开支，实现预算平衡；(3)稳定货币发行量，使货币供应增长率同经济增长保持一致；(4)减少政府对私人和企业的限制性规章制度。概括起来说，就是实行以"三砍一稳"(即大砍联邦政府预算开支，大砍个人与企业的税率，大砍政府下达给企业的各种规章条例，以及要求制定一项稳定的货币政策)为中心内容的"经济复兴计划"。里根的这些经济政策，虽然在个别方面可能收到"治标"的效果，但它不能医治资本主义的痼疾——危机、失业、通货膨胀、经济停滞等，只能使资本主义基本矛盾进一步尖锐化。

英国撒切尔政府根据现代货币主义理论，同样采取了一系列措施，最主要的有：(1)削减政府开支，推行经济紧缩政策，以克服通货膨胀；(2)实行"简单规则"的货币政策(货币供应量按照每年4%～5%的固定增长率有计划地增长)；(3)改革税收制度，以对付经济衰退，振兴经济；(4)减少政府对私人、企业的经济活动的干预和调节，提高私人经济的储蓄能力和投资能力，逐步回复到自由放任的老轨道上去，撒切尔首相的这些现代货币主义政策收效也甚微，英国经济仍然处于困难重重的境地。

从美国和英国的上述情况可以看出，要了解它们的经济政策的依据和实质，不研究供给经济学和现代货币主义是不行的，要了解美国和英国的现实经济情况，不研究以这些当代资产阶级经济学为指导而制定的经济政策也是不可能的。甚至可以说，如果一点不懂当代西方的经济学说，势难读懂有关西方经济动态的通讯和报道，不能正确评价西方的经济形势，更谈不上预测西方的经济前景了。

3. 有助于提高鉴别能力

大家承认，马克思主义是放之四海而皆准的真理，马克思主义政治经济学是真正科学的政治经济学。但是，对这一点要有深切的体会，除了实践以外，还必须研究资产阶级经济学。俗话说："不怕不识货，只怕货比货"，有比较才能鉴别。如果把马克思主义经济学说同资产阶级经济学说加以比较，就不难看出资产阶级经济学是谬论，马克思主义经济学是科学。

例如，我们在前面列举的那些当代资产阶级利润理论，不是歪曲了资本主义的现实情况，就是只抓住了个别的表面现象，其共同点是否认利润的剥削性质，把利润看作是资本主义社会的一种"正常"收入或"自然"报酬。只有马克思的剩余价值理论才科学地揭示出：利润是雇佣工人创造的、资本家无偿占有的剩余价值的转化形态，剩余价值理论揭露了资产阶级剥削的秘密，阐明了雇佣劳动和资本的真实关系。凡是不抱偏见的人，在对比了现代资产阶级各式各样的利润理论和马克思的剩余价值理论之后，难道还不明白孰是孰非？难道还不承认"这个问题的解决是马克思著作的划时代的功绩"？

又如，经济危机和大批失业是资本主义本身无法解决的问题，同时也是资产阶级最为忧虑的事情。经济学家们为了资产阶级的安宁和替资本主义辩护，有的绞尽脑汁提出了消灭危机和失业的药方，有的不顾事实矢口否认危机和失业的存在。每当出现工业高涨和繁荣的时候，甚至在一般增长的情况下，他们就宣布危机已经克服，失业已经消除。但是，这些人的"理论"太不符合资本主义的现实了，不能解决资本主义的实际问题，也不能很好地为资本主义辩护。因此，又出现了救治资本主义的种种方案，凯恩斯写了一本著名的书，叫《就业、利息和货币通论》，就是专门解决危机和失业问题的，企图达到

8

所谓"充分就业"。但是，半个多世纪过去了，不仅没有消除失业和危机，失业大军的队伍反而越来越长了，危机越来越频繁了，凯恩斯主义也遭到了彻底的破产。只有马克思主义才创立了真正科学的危机和失业理论，认为经济危机是资本主义基本矛盾引起的，失业是资本主义积累一般规律的结果，它们在资本主义条件下是不可避免的。资本主义长期的客观事实证明了马克思理论的正确性，危机的时代没有过去，在繁荣之后，接着就是危机。战后短短几十年，美国就发生了七次危机。其中包括1974—1975年、1979—1982年战后最严重的危机。至于失业，数量之大，使资产阶级经济学者处于十分狼狈的境地，资产阶级政治家也在苦思焦虑。美国前国务卿基辛格在1983年1月24日《新闻周刊》上发表了《拯救世界经济》的文章，他抱怨说："看来没有任何以前的理论(闭眼不看马克思主义经济理论——引者)能够对当前的世界经济危机作出解释"，"工业国家目前已有3000万工人失业，而且人数继续增加"。谁只要把当代资产阶级经济学说同马克思主义两相比较，又把它们同现实对照，哪是真理，哪是谬误，不是十分清楚吗?!

　　仅此一端，就可看到，那种认为当代西方经济学不值得研究的观点是不正确的。研究了当代西方经济学，马克思主义经济学就有了现实的对立面，就可以进行比较，同时，接触一点谬误的东西，还可以增强免疫力和识别力。有的青年同志在研究了当代西方经济学说以后，很有感慨地说："西方经济学没有啥，还是马克思主义伟大。"通过研究西方经济学，许多同志对马克思的经济学说更加坚信不移了。

　　我们把马克思主义经济学同当代西方经济学对比，实际上也就是对西方经济学进行分析批判，明辨是非。当代资产阶级政治经济学是历史上旧的资产阶级庸俗政治经济学的继续和发展，其任务仍然是为资本主义制度辩护，保护资本主义制度，使之免于"全部毁灭"(凯恩斯语)，把斗争矛头指向无产阶级社会主义和马克思主义。只是在新的历史条件下，使用的辩护手法更加巧妙，更加花样翻新，因而更具有庸俗性、辩护性和反动性。对于这种理论必须批判，决不能让它们来毒害人民群众的思想，这是一点也不能含糊的原则问题，也是我们

9

思想战线的一个极为重要的任务。

但是，这种批判，应该是实事求是的。当代资产阶级经济学流派纷繁复杂，既有共性，也有个性。揭露与批判其为资本主义辩护的庸俗实质这一共性，这是正确的，也是必要的。但仅止于此，则是不够的，甚至效果低微。为了提高这一批判工作的效果，更要注重其个性，具体学说具体分析，进行有针对性的深入说理的论争。教条式的、武断的、简单化的泛泛之论，既驳不倒批判对象，也提不高自己的理论水平，更不能启迪人们的思想，实在毫无裨益，必须力戒。

4. 可供借鉴和参考

最后，研究当代西方经济学，还可利用和借鉴它的有益成分，加速我国社会主义理代化建设。我们在前面已经指出，当代西方经济学和各种经济思潮作为一个理论体系是非科学的，其基本理论观点应当受到批判。不言而喻，当代西方经济学不能成为我们制定社会主义经济发展战略和政策方针的指导思想。但是，在某些具体问题的研究上，在某些研究方法和研究手段上，当代西方经济学有可供我们利用和借鉴的地方。不过，即使是其中在一定程度上符合实际的成分，也应以马克思主义为指针，结合我国特点和需要，采取分析态度，加以改造和消化，而不能照抄照搬西方的那一套。

应当指出，对西方经济学中有用的东西加以改造和利用，并不是现在才提出来的，实际上列宁早已做了。列宁一方面指出"泰罗制"是资产阶级剥削的最巧妙的残酷手段，另一方面又强调它是一系列的最丰富的科学成就，即按科学来分析人在劳动中的机械动作，省去多余的笨重的动作，制定最精确的工作方法，实行最完善的统计和监督等，必须在社会主义的俄国加以研究和推广，借以大大提高劳动生产率。

当代资产阶级经济学家在从理论上为资本主义辩护的同时，为了替垄断资本谋取最大限度利润，可能利用科学技术革命成果和考虑到现代化大生产发展的一般趋势，提出一些建议、主张和方法，其中包含着可供我们的社会主义建设和科学研究借鉴和参考的有用成分。当代资产阶级经济学家运用先进的计算工具和统计方法，收集、整理了大量的统计数字。有的统计数字，如人口数字、进出口贸易数字、财政收支数字等等，虚假性不大。有的数字，如失业人数、利润额等等，往往被缩小，社会福利开支、劳动者的收入，每每被夸大，必须加以识别，但经过分析和改造，也是有用的。资本主义经济发展的史料和文献，如对 1929—1933 年经济大危机在史实上的描述，1944 年国际金融会议关于战后国际金融协定的具体内容，美国 1946 年"就业法案"的具体规定，等等，对有关经济专题的研究是可以利用的。凯恩斯的"倍数原理"，对估计投资效果，就业、收入成倍增加的效果，是可以参考的。在微观经济分析中，关于"投入—产出"理论，边际分析方法，各种生产要素最适度结合的原理等等，对加强和完善企业管理和经济核算，也是有参考价值的。

在对待西方经济学的问题上，我们要吸取历史上的经验教训，既不盲目排斥，也不盲目崇拜。在利用和借鉴的时候，要防止出现对当代资产阶级经济学不加分析，不加鉴别，盲目推崇的倾向，要像列宁指出的那样，不要"匍匐在资产阶级科学面前"，而应当"睁开眼睛来看资产阶级科学，注意它，利用它，批判地对待它，不放弃自己完整的和确定的世界观"①。

总之，研究当代西方经济学是很必要的。不研究外国经济学说的历史和现状，不密切注视其发展动向，不对外国经济学说加以分析和批判，否定其庸俗的基本理论，吸收其有用的个别成分，要推进马克思主义经济学，要建立高度发达的具有世界先进水平的中国经济科学，显然是不可能的。我们不应当闭关自守，固步自封，脱离实际，闭门造车。研究当代西方经济学，应当同时关心我国现代化建设和经济理论问题，从我国的实际情况出发，吸取西方有用的东西，为"四化"建设服务。并且在研究中国经济问题时，应当同时了解当代西方经济情况和经济理论，加以比较，以便提高我们对本国问题的研究水平。至于对我们努力自学的青年同志和在校学生来说，无论是学习政

---

① 《列宁全集》第 3 卷，第 581 页。

治经济学、学习经济学说史、世界经济，还是学习其他经济科目，都必须懂一点当代西方经济学。因为这有助于开阔眼界，进行比较，从而真正懂得马克思主义经济学是唯一科学的经济学；有助于了解西方国家经济政策的理论依据，从而科学地预见西方经济的发展趋势；有助于了解当代西方经济的现实，以便参考和借鉴，提高我们搞社会主义现代化的本领。

（二）当代西方的主要经济思潮

当前，西方经济学的一个显著特点，是各种思潮、各个学派和各个学说之间，各思潮各学派内部，在理论上和政策上存在着广泛而深刻的分歧。初看起来，西方经济学似乎是许多概念、理论、流派和思潮杂然相处，极为混乱，没有什么规律性。实际上，当代西方经济学同任何社会现象一样，在其发展中有一定的规律性，它们反映了资本主义总危机条件下实际矛盾的发展，归根到底，反映了各个国家和国际上各资本集团的利益和矛盾。在这些纷繁复杂的经济学说和流派中，根据它们对待资本主义这一社会制度及其国家的态度，即资本主义是美好无缺，还是存在弊端？是主张国家干预经济，还是主张自由放任和反对国家干预？大致可以归纳为国家干预论和自由经营论两大经济思潮。研究这些思潮以及它们之间的矛盾和斗争，对于了解当代西方经济学是很重要的。

当然，在当代西方经济学中，除了国家干预论和自由经营论两大经济思潮以外，还有其他一些经济思潮，如"资本主义变质论"（其中包括"人民资本主义"、"福利国家"论、"混合经济制度"等）、"技术决定论"等等，它们采取另外的手法，从另一角度为现代资本主义辩护。此外，还有一些资产阶级经济学家的理论不能归属于哪一种经济思潮，也不能列入哪一学派，如罗斯托的经济理论是自成体系的，他的"经济成长阶段"论，应当单独列为一派。又如，熊彼特的理论体系，特别是他的"创新理论"，在于用生产技术和生产方法的变革来解释资本主义的基本特征和经济发展过程，企图把历史的发展和理论的分析两者结合起来，这也是独树一帜的。

但是，从长期看，在西方经济学说中，主要是国家干预论和自由经营论。在各个时期，各个国家，时而是这种思潮占统治，时而又是那种思潮占上风，特别是近半个世纪来，几乎一直是这两大经济思潮的兴衰交替。考虑到这两大思潮的重大影响，并为了使读者易于了解当代西方经济学的基本轮廓，本书只论述这两大主要经济思潮及其流派。

在整个十九世纪，自由经营论基本上统治着资产阶级经济学。在开始，资产阶级庸俗经济学莫不以萨伊的"自由放任"学说，特别是所谓"萨伊定律"为圭臬。后来，以市场自由经营论为中心内容的马歇尔新古典经济学说又成为资产阶级庸俗经济学的"正统"或"正宗"。

1929—1933 年经济大危机，使得自由经营论衰落下去，马歇尔新古典经济学变得无用，国家干预论逐渐成为风靡西方各国的主导经济思潮，特别是凯恩斯主义国家干预论日益得势，长期成为西方各国政府制定经济战略与政策的主要依据。

第二次世界大战以后，各国大力推行凯恩斯主义，虽然在"治疗"经济危机和失业问题方面曾经一度收到了某些效果，但同时却产生了许多恶果，特别是在 1974—1975 年战后最严重的经济危机中，大批失业与通货膨胀同时迸发，以后又持续并存。在这种情况下，国家干预在理论上完全不能自圆其说，已经失灵，在政策措施上无能为力，陷入狼狈处境，凯恩斯主义明显破产了。而自由经营论见时机已到，利用凯恩斯主义的恶果，向国家干预论发动猛攻，以新型的自由经营论的面目出现，卷土重来，再度在西方经济学中得势，成为现在英、美两国政府奉行的官方经济学。

不言而喻，凯恩斯主义并不就此自甘罢休。美国里根政府和英国撒切尔政府实行的新型自由经营论的政策，并未使经济根本好转，于是凯恩斯主义者又幸灾乐祸了。凯恩斯的追随者正在对凯恩斯学说进一步加以修改和补充，企图以"新凯恩斯主义"的面目出现，东山再起。不过，第二次世界大战后凯恩斯主义国家干预论的那种鼎盛局而，也势难再现了。在资本主义消灭以前，国家干预论与自由经营论必将发生无穷的争吵，也可能如走马灯一样，多次换位。但毫无疑问，无论哪一种经济思潮因改头换面而得势，都不能从根本上消除危机、失业、通货膨胀、经济停滞等这类资本主义痼疾，而只能头痛医头，脚痛医脚，治标救急，充其量在一定时期把资本主义矛盾稍稍缓和一下而已。

国家干预论者和自由经营论者在怎样为资产阶级的利益辩解，以及怎样使资产阶级统治集团摆脱困境等问题上，理论观点和政策主张的差异是很大的。例如，国家干预论者建议资产阶级政府把国家干预和调节经济放在首要地位，而自由经营论者则主张把自由竞争、自由市场经济作为基本原则。他们互相非难，彼此攻讦，有时甚至达到势不两立、水火不相容的地步。这两大思潮内部也并不是观点一致，铁板一块，而是互不买账，彼此指责。在国家干预论中，除凯恩斯主义这一主要流派以外，还有所谓瑞典学派，新制度学派。凯恩斯主义和新制度学派在一系列问题上是对立的，虽然把它们同归于国家干预论，但它们关于国家干预的方式和具体措施，也有很大不同。在新型自由经营论中，则有现代货币主义、合理预期派、供给学派、弗莱堡学派、哈耶克新自由主义等。它们之间的分歧也是相当明显的，不容忽视。本书所论述的，就是当代西方经济学中的国家干预论和新型自由经营论两大主要思潮，以及它们的各个流派，现图示如下：

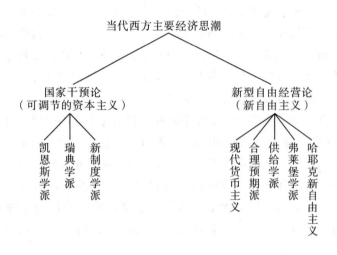

应当强调指出的是，尽管各种思潮、各个流派之间有分歧，甚至存在尖锐的矛盾，但所有当代资产阶级经济学家在基本立场、理论观点和方法论上是一致的。就是说，他们都是站在资产阶级立场上，始终坚持资本主义私有制的神圣不可侵犯性，宣扬所谓资本主义制度是个人自由和独立的保证，并且认为资本主义制度基本上是一种"有效率的""协调的""永恒的"制度，或者说，资本主义制度虽然有某种"缺陷"或"弊病"，却是可以"纠正"和"医治"的；他们以历史唯心主义和形而上学的观点，否认社会经济形态的发展和更替是由社会基本矛盾引起的，否认社会主义代替资本主义是不以人们意志为转移的客观规律；他们都只是在资本主义表面现象的联系上兜圈子，而不研究其内在规律及其实质；他们都反对马克思的劳动价值理论和剩余价值学说，反对无产阶级贫困化理论和资本主义必然灭亡的学说，把供求论、三要素论、阶级调和论、资本主义永恒论等庸俗理论奉为金科玉律。无论是国家干预论者，还是自由经营论者，在以上这些方面，是没有分歧或基本上没有分歧的。

因此，我们在研究和评述各种思潮、各个流派时，概括它们的共同点，指出其庸俗实质，揭露它们都是资产阶级的辩护论，这是正确的，也是必要的。但是，我们应当对各个具体经济思潮、具体流派，进行具体的、实事求是的分析，考察它们各自的特点。

第一篇

国家干预论(可调节的资本主义)

一、国家干预论的产生和一般特点

（一）国家干预论产生的历史条件

国家干预论(可调节的资本主义理论)，是资产阶级、改良主义的经济理论，它鼓吹通过国家调节经济，可以克服资本主义再生产的对抗性矛盾。早在十九世纪，资产阶级某些政治经济学派就已主张国家积极干预经济生活的某些方面，如历史学派大肆宣扬国家对经济发展的特殊作用，主张国家干预经济生活和实行保护贸易，用国家的力量来保护和促进德国资本主义经济的发展，进行对外经济扩张，争夺殖民地。但是，当时这种干预只是由个别资本主义国家的特殊历史条件引起的。十九世纪资产阶级经济学中占统治地位的理论，是资本主义自由竞争和"自由放任"的理论。而国家干预论成为资产阶级政治经济学的一股思潮，则是在二十世纪初垄断统治代替自由竞争，资本主义经济矛盾尖锐化的时候，才开始形成的。

大家知道，在十九世纪末的经济高涨和 1900—1903 年的经济危机期间，垄断组织在一切发达资本主义国家中普遍发展起来，成为全部经济生活的基础。这时垄断资本主义最终形成，资本主义进入了帝国主义阶段。在第一次世界大战期间，各交战国都把全国经济转上战时轨道，加强国民经济军事化。为了动员人力、物力和财力供应战争需要，为了保证垄断组织攫取最大限度的利润，各交战国的政府都逐步加强了对经济的干预，促进了国家垄断资本主义的发展。

1929—1933 年经济大危机，猛烈地冲击了自由竞争、资本主义"自由放任"的自由经营理论，使国家干预论更加流行起来。这次经济大危机，是资本主义世界经济危机中最严重和最深刻的大危机。它不仅是资本主义经济发展史，特别是经济危机史上的一个重大转折点，也是资产阶级经济学说发展史上的一个重大转折点。这次大危机的主要特点如下：

第一，危机持续的时间特别长，生产下降的幅度特别大。以往的经济危机，持续时间不过几个月、十几个月，而这次危机从 1929 年开始直到 1933 年结束，前后长达五个年头。危机期间，资本主义工业生产剧烈下降。同 1929 年相比，1933 年整个资本主义世界工业生产下降了 37.2%，其中美国工业生产下降 46.2%，德国下降 40.6%，法国下降 28.4%，英国下降 16.5%。在这次危机中，美国和德国受到的打击特别严重，各国工业生产水平都出现了大倒退，倒退到二十世纪初甚至十九世纪末的水平。

第二，企业大批倒闭，失业人数激增。在这次危机中，美国倒闭的企业超过 14 万家，德国约 6 万家，法国 5.7 万家，英国 3.2 万家。随着企业开工率不足和大批倒闭，失业人数急剧增长，整个资本主义世界的全失业人数曾经高达 3000 万人，加上半失业者共达 4000 万 ~ 5000 万人。在危机期间，美国失业人数从 150 万人增加到 1300 万人，加上半失业者共 1700 万人，高达民用劳动力（约 5000 万人）的 1/3。因失业而领取救济的队伍排成四行，长达几条街，为一勺菜汤和几片面包而等候着，真是惨不忍睹！工人阶级对解雇和失业愤起反抗，罢工风潮和失业示威，此伏彼起，社会危机十分严重。

第三，商品滞销，物价剧烈下跌。资本主义各国的批发价格平均下跌三分之一，原料价格竟下跌 40% ~50%。世界农产品储存量在危机期间增加了 1.6 倍，世界市场上小麦批发价格下跌 70%，大豆、棉花、黄麻、羊毛、咖啡等跌价一半以上。各国资产阶级政府和垄断资本家为了摆脱农业危机，竟在千百万劳动人民挨饿受冻的时候，有组织地大规模地销毁农产品。当时美国报纸登载着这样一些消息：《纽约时报》1932 年 12 月 4 日报道，"在现有谷物价格的条件下，家庭和机关中利用谷物作燃料，要比用煤砖更合算。各州的各学校已经使用谷物作燃料。"《纽约先驱论坛报》1933 年 8 月 24 日报道，"政府计划规定销毁 500 万头猪并控制繁殖新生猪。销毁生猪的工作业已开始进行。"

第四，国际贸易额剧烈缩减。1933 年，资本主义世界贸易总额减至 242 亿美元，比 1929 年缩小 2/3，即退回到 1919 年的水平以下。其中德国下降 76%，美国下降 70%，法国降低约 2/3，英国降低 2/6 以上。危机特别严重地影响到为出口而生产的某些部门。例如，严重影响到在瑞典经济中起着巨大作用的铁矿开采业，在 1931—1935 年，铁矿开采量降低了一半，即从 1929 年的 1150 万吨降低到年平均 520 万吨。

第五，整个资本主义货币信用制度濒于崩溃。这次危机不仅席卷工农业和商业，还扩展到金融市场、资本市场和货币制度。资本主义世界的股票市场，先后爆发行情暴跌风潮，不少国家的股票交易所宣告破产。金融市场也大多猛烈而持续地挤提存款，抢购黄金，许多银行破产倒闭。第一次世界大战后恢复过来的金本位制，也在这次危机中再度垮台，各国货币纷纷贬值。在过去各次经济危机中，货币金融系统虽也或多或少受些影响，但基本上还能正常运行。而这次危机使银行信用系统陷入瘫痪状态，货币信用制度濒于崩溃，这是资本主义经济危机史上所未有的。

大家知道，传统的自由经营论把经济危机看成局部的、暂时的、偶然的过渡性失调，认为失业不外是摩擦性失业或自愿性失业，通过市场机制的自发作用，失业问题就能得到解决，危机就可以克服，用不着国家干预。在空前严重的经济危机面前，当时这种占统治地位的自由放任学说彻底破产了。它在理论上不再能够自圆其说，在实际政策上束手无策，一筹莫展。各国资产阶级相继采取国家干预经济的政策，以期资本主义免于"全部毁灭"。资产阶级经济学家为了更好地为资产阶级效劳，转而为国家干预经济的政策提供理论依据。在英、美、德、法等主要资本主义国家，甚至在瑞典这样的小国，都编造了比较系统的国家干预经济的理论，其中以凯恩斯的国家干预论最为完备。下面以英、美为例，来进一步说明资产阶级国家干预论产生的必然性。

　　凯恩斯学派产生于英国不是偶然的。英国是一个早在十九世纪下半叶就已明显地暴露出资本主义腐朽和衰落的国家。在第一次世界大战以后，英国不曾有过工业繁荣。煤炭工业、纺织工业和造船业等最重要和最古老的部门，经历着深刻的衰落过程。到了三十年代，英国已无法依靠经常的出口收入来弥补国民经济寄生结构所造成的过分增长的进口支出。垄断资产阶级力图把经济衰落所带来的损害转嫁到工人阶级身上，因而国内社会矛盾更加尖锐化。在这种情况下，尤其是从上述大危机开始，英国资本主义垄断组织乃越来越广泛地利用国家机器，压迫本国工人阶级和镇压殖民地解放运动；同外国竞争者进行斗争，促使本国商品销售于外国市场；资助垄断资本家，并向他们提供国家定货。因此，在二十世纪三十年代，凯恩斯学派为代表的"国家干预论"代替了自由贸易理论。

　　至于美国，早在十九世纪末二十世纪初，就已成为垄断资本主义的典型国家。第一次世界大战，推动一般垄断资本主义发展为国家垄断资本主义。垄断资产阶级利用战时的有利时机，直接利用国家政权来赚取更多的垄断利润。它主要采用以下几种方式：（1）国家以调整经济的名义建立一系列国家机关，把调拨原料、燃料和劳动力，分配国家订货，采购军需品，制定价格等事务掌管起来；（2）实行一部分企业国有化，或者国家投资兴建工厂，然后交给垄断组织经营，使它坐享大量利润收入；（3）政府采取国家订货，给予补助金和贷款等措施，帮助垄断组织，通过军事订货，国库资金源源流入垄断资本家的腰包；（4）增加赋税，发行公债，冻结工资，把企业造成军事苦役营，加强对劳动人民的剥削。在三十年代大危机期间和以后的时期，国家干预经济生活又有长足的发展，政府干预论应运兴起。

　　1932年，在经济危机最严重和阶级矛盾最尖锐，资产阶级惊恐万分的时刻，美国进行了总统选举。民主党总统候选人罗斯福提出所谓国家调节经济的"新政纲领"，结果当选为总统。这说明，国家调节经济的政策，是适合资产阶级的迫切需要的。1933年春，罗斯福上台。他为了对付严重的经济困境和迫在眉睫的革命危机，马上要求国会授予他以"紧急全权"，推行"新政"，并匆忙制定了一批"新政法

22

令"。所谓"新政",从本质上讲,就是国家垄断资本主义的一种形式,其目的在于通过加强国家对经济的干预,来克服危机,缓和阶缓矛盾,维护垄断资产阶级的反动统治。所谓"新政法令",主要有关于货币金融方面的"紧急银行法""黄金法""存款保险法"等,关于调节工业方面的"全面产业复兴法",关于调节农业的"农业调整法"。其中国家对工业的调节,即所谓"全面产业复兴法",是"新政"最基本的内容之一。它包括三个主要方面:(1)通过强制卡特尔化①的办法,来实现资产阶级内部关系的"调节"和消除生产过剩;(2)通过纸面上(形式上,而非实际上)承认工人阶级某些基本权利的方式,"调节"劳资间的关系;(3)通过举办公共工程等措施,企图大量缩减失业大军的人数。总之,"新政"的主要目的在于政府对财政、金融、货币、产业等部门进行干预和"调节";企图建立一个没有危机的、卡特尔化的经济,以限制生产,稳定物价,保障利润,缓和经济危机及其后果;削弱和阻挠人民革命斗争的发展,巩固和加强垄断资本对劳动人民的统治,挽救摇摇欲坠的美国资本主义制度。"新政"的推行,对于解救经济危机,促使经济复苏,减少失业人数,确实产生了一定的"疗效"。不过,应当强调指出,它只是一种治标性的临时应急措施,不可能从根本上克服资本主义经济危机这个不治之症。但是,罗斯福推行"新政",用政府干预的"烈药"去抢救垂危的痼疾"患者",挽回了资本主义经济危机不能自拔的颓势,这在资本主义经济危机史上是没有先例的。同过去那种软弱无能的自由放任政策相比,国家干预的政策确实强有力得多,更适合垄断资产阶级的需要。

"新政"和国家干预虽然受到垄断资产阶级的欢迎,但它毕竟没有一套成体系的理论作为思想基础,同时,应急措施方面也没有系统化而提到政策的高度。尽管当时以凡勃伦为代表的旧制度学派提出了某些国家干预经济的思想,制度学派经济学家特格维尔担任过罗斯福

① 所谓卡特尔化,就是明文规定各行业的生产规模、价格水平、信贷条件、销售定额和雇佣工人条件等,消灭"不公平的竞争",其目的是进一步牺牲中小企业的利益,更好地满足垄断资本的贷款。

政府的决策人和高级职务，在"新政"实施过程中起过重要作用，但制度学派的整个理论体系对资产阶级来说，显得"激进"而不能接受。就在这时，凯恩斯以资本主义的急救医生的面目出现了，他总结了英、美各国干预经济的"经验"，以"新政"为先导，于1936年出版了《就业、利息和货币通论》一书，提出了以国家干预为基础的就业一般理论及其政策措施。凯恩斯学说产生在英国，但不久就在美国传播开来，并且很快加强起来。从上面的说明可以看出，这不是偶然的现象，是有其社会经济基础的。我们有充分根据说，比起这一学派的发源地——英国，美国的凯恩斯主义更为盛行，美国是"凯恩斯主义的试验场所"。哈里斯在他主编的论述凯恩斯对经济理论和政策的影响的专门文集中写道，凯恩斯拟定的"药方"，最适合于美国[1]。这种说法，是符合实际情况的。

（二）国家干预论的一般特点

国家干预论是国家垄断资本主义形成过程的产物，是为国家垄断资本的统治辩护的。它的主要内容是，主张国家为了垄断资本的利益，对国民经济进行全面的干预。由于在第一次世界大战以后，各国先后形成了国家垄断资本的统治，不同程度地实行了国家干预的政策，因此也就产生了国家干预的理论。如英、美的凯恩斯主义，美国的制度学派，瑞典的斯德哥尔摩学派，德国的鲁亭巴赫国家干预思想和希特勒法西斯经济统制理论，法国调节主义，等等。这些学派的国家干预论的基本内容和一般特点如下：

第一，承认在资本主义条件下存在非自愿失业（不仅是摩擦失业和自愿失业），不能充分利用生产资源，经济增长速度不稳定；承认资本主义有"缺陷"，不是一切都很顺利。

第二，怀疑资本主义的内部力量，认为资本主义经济中缺乏自动

---

① 《新经济学，凯恩斯对理论和社会政策的影响》，哈里斯序言，纽约，1947年版，第40页。

保持均衡和经济增长的力量，承认资本主义发展的自动进程不会造成最好的结果。

第三，国家干预被看作是资本主义经济正常发生作用的必要条件，并在促进经济发展中起主要作用。这个论点在国家干预论的各流派中解释不一，但却贯穿在它们的经济著作中，是国家干预论的最重要的基础。

第四，在理论分析中，采取所谓宏观分析，就是说，研究国民经济总量（国民收入及其分配、社会总需求、总供给、积累、储蓄等）。国家干预论不采取宏观分析是不行的，因为所谓国家干预并不是要去干涉单个企业的内部经济事务，这是任何资产阶级经济学家都反对的。国家干预论者的主张是为了整个资产阶级的利益，特别是垄断资本的利益，对整个资本主义经济进行调节，以维护资本主义制度。

资产阶级经济学各流派的国家干预论，不仅在内容上有上述的共同点，而且目标也是一致的，都是首先为了使资本家获得最大限度利润。正如列宁早已指出的："无论美国或德国，'调节经济生活'的结果是给工人（和一部分农民）造成军事苦役营，给银行家和资本家建立起天堂。这些国家的调节办法就是把工人'勒紧'到挨饿的地步，另一方面保证（用秘密手段、反动官僚手段）资本家获得比战前更高的利润。"①

各流派的国家干预论，不仅有共同之点，也有特殊之点，即既有共性，也有个性。在分析批判中概括它们的共同点，指出其庸俗实质，这是正确的，也是必要的。但仅止于此，则是不够的。因此，本篇力图从共性、个性两方面对国家干预这一思潮及其流派，进行比较详细而具体的分析。

大致说来，当前竭力鼓吹国家干预论的，有凯恩斯学派、瑞典学派和新制度学派。它们比较正视世界所发生的变化，企图适应新的社会经济条件，并利用它来为资本主义辩护。它们除了有上述共同点

---

① 《列宁选集》第 3 卷，第 140 页。

外，也还有各自的特点。

凯恩斯学派是国家干预论中最有影响的一派。它承认传统自由放任的老办法完全失灵，旧理论根本说不通，提出了同自由经营论针锋相对的理论：(1)摒弃传统理论把资本主义歌颂成完美无缺的说教，承认资本主义存在失业和分配不均的"缺陷"，承认失业问题严重，除传统的摩擦失业和自愿失业而外，还有第三种失业范畴——非自愿失业；(2)摒弃萨伊"供给会创造它自身的需求"的定律以及否认普遍意义的生产过剩经济危机的传统理论，编制"有效需求原理"，主张实行以弥补私人有效需求不足的需求管理；(3)摒弃通过市场自动调节可以实现充分就业均衡的传统教义，主张扩大政府机能对经济进行干预，使资本主义免于全部毁灭；(4)摒弃传统的健全财政原则，主张实行膨胀性的财政政策。所有凯恩斯主义者对上述就业理论和政策的基本内容都是信奉的，彼此间没有分歧，或基本上没有分歧。

但是，凯恩斯学派并不是统一的，发展到今天，大致可以分为两个支派：一是以美国萨缪尔森、托宾和索罗等为代表的"后凯恩斯主流派"；一是以英国罗宾逊、卡尔多等为代表的"新剑桥学派"。后凯恩斯主流派尽力把凯恩斯的理论同新古典经济学说结合起来，利用边际生产力论来分析经济增长和收入分配，极力宣扬市场经济(私人经济)和控制经济(国家调节)相结合的混合经济制度，认为混合经济具有巨大的优越性，因为它似乎能够把市场决定和政府决定、个人自由和社会责任、个人福利和社会福利结合起来，保证"充分就业"和经济持续增长。他们在分析经济增长时撇开收入分配问题，或者认为，在经济的稳定增长过程中，一切收入都是按照边际生产率来分配的，因而是合理的。可见，后凯恩斯主流派虽也属于鼓吹国家干预论的自由派，但比较接近于被认为是保守派的新型自由经营论的观点，因此有人称它为"右派"凯恩斯主义。新剑桥学派则不同，它坚持同马歇尔为代表的新古典经济学进一步决裂，谴责后凯恩斯主流派回到了新古典学派的旧理论，回到萨伊定律上去了，它认为资本主义社会的症结在于收入分配失调，而这种失调不可能通过现有条件下的经济增长来解决，因而力图把经济增长理论和收入分配理论融为一体，着重考察经济增长过程中工资和利润在国民收入中相对份额的变化，并承认收入分配不均是资本主义社会的一个重要弊病，主张收入均等化。由于上述观点比较撇进，这一派的主要代表人物罗宾逊等被称之为"左派"凯恩斯主义者。

瑞典学派关于国家调节经济的政策主张，对三十年代以来瑞典国家垄断资本主义的发展，起了不小的作用，特别是从第二次世界大战以来，瑞典学派的理论和政策主张，在许多国家的资产阶级经济学界得到日益增长的重视。瑞典学派的特点是：在分析经济现象时首先创造和运用了一些新概念，如与市场利息率相对应的"自然利息率"，把某些经济变量区分为"事前的"与"事后的"两种类型；采用储蓄和投资来分析、考察经济变动，并试图建立动态经济理论体系；在理论分析中强调主观心理的预期以及引入"不确定"和"风险"等因素。

新制度学派比现代凯恩斯主义中的新剑桥学派更加激进，更为注意形势的变化。如制度学派的创始人凡勃伦对资产阶级经济理论进行了许多批判，对资本主义的矛盾进行了许多揭露。他对现代资本主义、资本主义大公司和金融寡头统治的批判，不少是敏锐的、中肯的。他在二十世纪初发表一系列著作，企图阐明资本主义的许多新现象。生产与资本的集中和积聚，市场机制已不能自动调节经济，这些都为保守的自由经营理论所坚决否定，却是制度学派的出发点。

新制度学派批判把自由竞争当作生产和经济均衡的调节者的传统理论，认为自由竞争不能保证供求平衡，而极力主张国家干预经济，主张社会对经济实行统治。在这一方面，制度主义和凯恩斯主义是一脉相承的。新制度学派主张国家借助于国家调节经济以解决最尖锐的社会问题，如大众贫困和"不均衡富裕"、医疗卫生和教育、城市危机和工业增长引起的生态危机、生活质量问题等等。他们认为，社会中权力和收入比较"公平的"分配，是防止社会不安、阶级斗争尖锐化的重要措施。但是，新制度学派内部也不是统一的，在新制度学派左翼代表人物(加尔布雷思、海尔布罗纳)和最保守的新制度学家(阿罗、乔哲斯克·罗根）之间，在关于国家干预经济的形式以及经济增长和社会政策问题上，都存在着很大的分歧。

由此可见，信奉"国家干预论"这一思潮的有许多派别。但是，许多人把"国家干预论"和凯恩斯主义等同起来，其实，正如上面已经指出的，凯恩斯主义只是这个思潮中最明显和最著名的派别，但绝不是唯一的派别，下面就来分别论述这一思潮中的凯恩斯学派、瑞典学派和新制度学派。

二、凯恩斯学派

（一）凯恩斯的生平和主要著作

约翰·梅纳特·凯恩斯（1883—1946 年），是著名的英国资产阶级经济学家。凯恩斯主义是二十世纪资产阶级经济思潮中影响最大的一个流派，不论是对资产阶级政治经济学和整个资产阶级经济科学，还是对资本主义世界各国的经济政策，都有重大影响。

1902—1906 年，凯恩斯在英国剑桥大学学习数学，1905 年在数学方面表现得相当突出。他在进剑桥大学以前，本是伊顿公学负有盛名的数学高材生。在大学时期，他跟资产阶级政治经济学中所谓剑桥学派的创始者马歇尔学习经济学，并深得马歇尔的赏识。

凯恩斯的一个特点，是他从开始活动起，就竭力把理论活动和实际工作结合起来。1906—1908 年，凯恩斯在英国统治印度的印度事务部任职，起初在军务司，1907 年转到税收、统计、商务司工作。1908 年应马歇尔的邀请，回到剑桥大学讲授经济学原理、货币理论，并任该校皇家学院研究员。1909—1915 年期间，他在剑桥大学不仅作为一个数学家，而且作为经济学家都取得了成绩，开始成为著名的经济学者。

1909 年，凯恩斯因他的最初著作《指数编制方法》而获得亚当·斯密奖。从 1911 年起，担任英国资产阶级政治经济学中有影响的《经济学杂志》主编，直到去世。1913—1914 年，成为皇家印度通货与财政委员会委员，并兼任皇家经济学会秘书。

1913 年，凯恩斯出版《印度的通货及财政》一书，一方面，总结了他在印度事务部工作的经验，捍卫金本位制，另一方面，提出了国家调节货币流通的思想，企图使印度经济进一步从属于英国，以便维持和巩固英帝国主义的统治。1915—1919 年，在英国财政部工作，集中精力研究国际金融问题。

1919 年，凯恩斯充任财政部的巴黎和会代表。次年，他的《凡尔赛和约的经济后果》出版。他本能地感到资本主义面临总危机，以阴竭的笔调描绘战后的欧洲。他害怕欧洲革命，企图把德国扶植起来，使之成为一支进攻社会主义苏维埃的力量，因而反对向德国索取过多的赔款。凯恩斯公开地写道："反对布尔什维主义的唯一的真正力量，在俄国内部是反革命分子，在俄国以外是恢复德国的秩序、恢复德国的权威。"①列宁在当时指出：凯恩斯是"一个资本主义的坚决卫士，布尔什维主义的死敌"②。

在巴黎和会之后，凯恩斯又回到剑桥大学任教，由于他的努力，剑桥大学建立了"应用经济学系"。许多事实表明，凯恩斯在其活动的各个阶段，都很注意运用经济理论来解决经济政策的具体问题。1921 年，凯恩斯发表了他在大学毕业后取得的数学研究成果《概率论》。

在战后各资本主义国家经济混乱的情况下，凯恩斯十分注意为资产阶级国家制定实际经济政策。1923 年，凯恩斯的《货币改革论》出版。这本书的理论基础是资产阶级庸俗的"货币名目论"和"货币数量论"，根据这些理论，价格水平的变动是资本主义生产水平波动的原因，因此，要稳定生产的水平，就必须稳定价格水平，而稳定价格水平，必须靠国家调节货币数量和银行的准备率。可见，在这本书里，凯恩斯关于国家调节资本主义经济的理论，已初见端倪。但是，他强调了货币的作用，对通货膨胀十分关切，某些观点同现代货币主义的差不多。因此，现代货币主义者弗里德曼非常欣赏这一著作，把它抬到凯恩斯的有名著作《就业，利息和货币通论》之上。弗里德曼写道：

---

① 凯恩斯：《凡尔赛和约的经济后果》，1920 年，第 289 页。
② 《列宁全集》第 31 卷，第 195 页。

"尽管《就业、利息和货币通论》是一部伟大的著作，但我并不认为它是凯恩斯的最佳著作，这主要是因为，书中提出的试验在实践中是不成功的。""依我无疑带点偏见的看法，凯恩斯最好的著作是1923年出版的那本言简意赅、很通俗而技术性不很强的《货币改革论》一书。第一次世界大战后，通货膨胀蹂躏着许多欧洲国家的经济；凯恩斯指出，'有关货币政策的一些新主张在各地应运而生'，该书就是在这种形势下写成的。"[①]

1925年，凯恩斯发表了《我是不是一个自由党员？》的文章，承认他在阶级斗争中"站在有教养的资产阶级一边"。在同年发表的《对俄国的简略观察》一文中，凯恩斯站在垄断资本的反动立场上，发泄了对无产阶级的刻骨仇恨，同时，还把马克思主义这一放之四海而皆准的真理，污蔑为"一册陈腐的经济学教本，……不但在科学上是错误的，而且与现代世界已经没有关系或不相适应"。他公然写道："像这样一个学说，我怎么能接受呢？它认为可取的倒是河底的淤泥，而不是河里的鱼虾，它把粗鄙的无产阶级捧起来，抬高到资产阶级和知识分子之上，后两者不管有着什么缺点，总是生灵中的精粹，人世一切进步的种子，当然是要靠他们来传播的。"[②]

1926年，凯恩斯发表了《自由企业主精神的终结》。这一著作的标题是意味深长的，表明凯恩斯已公开摒弃自由放任原则。凯恩斯力图证明，借助于国家对货币流通和信贷的调节，可能消除资本主义所固有的失业和危机。在这一时期里，凯恩斯十分注意失业问题，于1929年发表了《劳合·乔治能做到吗？》的小册子（与韩德森合写），支持英国政客劳合·乔治以解决失业问题为借口，主张加强国家对经济进行干预的方案。

1929—1931年，凯恩斯任国家财政与工业调查委员会（麦克米伦委员会）委员，1930年又任内阁经济顾问委员会主席。这时出版的

① 弗里德曼为凯恩斯诞生一百周年写的纪念文章：《一个货币主义者的反映》，载1983年6月11日英国《经济学家》杂志。

② 《对俄国的简略观察》，劝说集，第300页。

《货币论》一书，是他在剑桥大学多年讲授货币流通理论的总结，主要想说明投资和储蓄的平衡是稳定价格水平和经济活动的前提，而国家的金融机构通过信用方面的调节，主要是利息率的调节，能够控制投资和储蓄的平衡。

1936年，凯恩斯最主要的著作《就业、利息和货币通论》出版。在此书出版前夕(1935年)，凯恩斯在给肖伯纳的信中说，他即将出版的《通论》将要"摧毁马克思主义的李嘉图基础"。但实际上，凯恩斯根本不知道什么是"马克思主义的李嘉图基础"，更拿不出任何东西来反驳马克思的理论。这本书确立了所谓凯恩斯主义的基本原理，成了凯恩斯主义的《圣经》。凯恩斯摒弃了他以前的资产阶级政治经济学关于自动恢复资本主义经济均衡的机制的概念，证明资本主义已经失去这一机制，因而需要国家调节资本主义经济，没有国家的积极的经济活动，私有制的资本主义不可避免地要灭亡。在这一著作中，反映了资本主义的某些实际情况：资本主义总危机时代实现问题的尖锐化，失业增长，存在相对过剩资本。但是，凯恩斯在考察这些现象时，抽掉了资本主义生产关系，从心理方面寻找它们的根源，认为这些现象的根源不在于资本主义生产关系的性质，而在于主观心理因素——"消费倾向"、"资本边际效率"、"流动偏好"三个心理规律。由于《通论》为资本主义提出了新的辩护理论，并适应了垄断资产阶级推行国家垄断资本主义的迫切要求，所以，它一出笼就引起了资产阶级庸俗经济学界的轰动。有的把凯恩斯的理论誉为一场像"哥白尼在天文学上、达尔文在生物学上、爱因斯坦在物理学上一样的革命"，有的把凯恩斯和亚当·斯密、李嘉图并列，有的甚至把凯恩斯的学说称作"资本主义的救星"。

从第二次世界大战开始起，凯恩斯非常注意研究大战所引起的财政问题。1940年，他的著作《如何筹措战费？》出版，提出了一系列办法，以动员财政资源满足战争需要，其中包括所谓"强制储蓄"措施。1940年7月被任命为财政部顾问，成为英国战时财政体制建立者之一。在这一时期，凯恩斯特别关心运用经济理论解决国家调节经济的实际问题。1940年当选为英格兰银行董事会董事，1942年被封为勋爵，1944 年率领英国代表团出席在美国布雷顿森林城举行的国际货币金融会议，积极策划建立"国际货币基金组织"和"国际复兴开发银行"，并任这两个国际组织的董事。1945 年，他作为英国首席代表参加向美国乞求借款的谈判，借到了一大笔贷款。除了上述活动以外，他还经营过一家大型的保险公司，创办过国家投资公司，做过外汇投机和一些商品投机生意，他本身就是一个大资本家。用一个资产阶级经济学家的话来说，凯恩斯是一个擅长于赚钱的经济学者。

从凯恩斯生平活动的简短介绍中可以看出：（1）凯恩斯经常关心的是对资本主义经济具有实际意义的理论。在早期阶段，关心的是货币信贷和克服第一次世界大战后经济混乱的问题，同危及资本主义制度的过度失业作斗争；后来，致力于制定国家垄断调节经济的一般理论和纲领。总之，他比同时期的其他资产阶级经济学家更注重理论的政策意义和实际作用，更着重于国家垄断资本主义的具体经济政策纲领。（2）凯恩斯主义是资本主义总危机时期国家垄断资本主义的产物，是垄断资产阶级的意识形态。凯恩斯是全世界垄断资产阶级利益的忠诚捍卫者，但他特别关心的是英国垄断资产阶级的利益。（3）凯恩斯终生不渝的立场是在竭力维护垄断资本统治的同时，坚决反对马克思主义，反对共产主义，反对社会主义国家。

（二）凯恩斯经济学说的基础——"有效需求"原理

1. "充分就业"

据凯恩斯自己说，《就业、利息和货币通论》一书的目的，是为了解决失业问题，达到"充分就业"。许多资产阶级经济学家也强调指出，达到"充分就业"，是凯恩斯国家干预经济主张的主要目的，庇古就曾指出；"凯恩斯的整个著作集中表现在充分就业这一思想"①。

---

① 《凯恩斯的一般理论》，伦敦，1951 年，第 5 页。

什么叫"充分就业"呢？为了说明什么叫"充分就业"，先要看看什么是"摩擦失业"和"自愿失业"。

在资本主义总危机以前，占统治地位的观点，是失业具有所谓"摩擦失业"的性质。按照资产阶级经济学家的解释，由于劳动的固定性、工作的季节性(特别是农业)、原料的缺乏、机器设备的故障、对工作机会消息不灵通等原因，引起的暂时失业，就是"摩擦失业"。这一概念是要掩盖失业的后果，歪曲失业的原因和性质，把失业看作只是偶然的、地方性的、局部的，并非严重的现象。

资本主义总危机时期，失业规模很大，并具有经常的性质，资产阶级经济学家已经不能照旧宣扬"摩擦失业"这个旧概念，因而又提出了"自愿失业"的概念。所谓"自愿失业"，是指由于工人不接受现行工资或较现行工资稍低的工资而造成的失业。这一概念的实质在于，把失业归罪于工人自身，硬说失业完全是工人觉得工资低不愿就业造成的，失业是工人自愿的。英国资产阶级经济学家庇古最热心鼓吹这一理论。他断言，在没有限制的竞争条件下(指没有强大的工会，工人不反对资本家降低实际工资)，失业会自趋消灭，愿意工作的人都会找到工作。失业的原因，在于工会人为地保持工资水平，使之超过了劳动力供求平衡所要求的水平。因此，在庇古看来，消灭失业的主要方法，就是降低工资。这种理论的阶级意义十分明显，它公开主张降低工人的生活水平，取消工人已争得的失业津贴等权利，以增加资本家的利润，巩固资本主义制度。

凯恩斯完全接受了这种"摩擦失业"和"自愿失业"理论。他同庇古一样，企图使人相信，只有降低实际工资，才能增加就业。但是，凯恩斯比庇古狡猾一些，采取了更复杂和更精细的手法。凯恩斯懂得，"自愿失业"的理论会引起工人的忿怒。但他并不放弃这一理论，而用"非自愿失业"这一概念来补充。所谓"非自愿失业"，是指工人愿意接受比当前实际工资更低的工资，但仍旧找不到工作。凯恩斯把扣除"摩擦失业"和"自愿失业"以后余下的失业，都归于"非自愿失业"。在他看来，只要消灭了"非自愿失业"，就算达到"充分就业"了。

现在已经可以看出，究竟什么是"充分就业"了。原来凯恩斯提出的"充分就业"主张，并不是真正要消灭失业。凯恩斯对"充分就业"的解释是："在实际生活中，没有不自愿失业之存在。此种情形，我们称之为充分就业。摩擦的与自愿的失业，都与'充分'就业不悖。"①这就是说，三个"失业范畴"彼此是不矛盾的，只要消除了"非自愿失业"，即使存在"摩擦失业"和"自愿失业"，也算实现了"充分就业"。美国著名的凯恩斯主义者汉森明确指出："在美国的所谓充分就业，就意味着约有 4% 或 5% 的劳动力是失业的。"②

凯恩斯认为，要达到"充分就业"，国家必须干预经济。他企图利用这一理论，达到一箭双雕的目的：（1）更好地欺骗劳动群众，因为如果把资本主义长期存在的大量失业，简单归结为"摩擦失业"和"自愿失业"，与现实生活相距太远，无人相信。（2）为国家干预经济的可能性和必要性，提供理论基础，并企图使人相信，国家干预经济，是为了实现"充分就业"，是为了劳动者的利益。

资本主义现实表明，资产阶级不愿意也不可能消灭失业，失业人口的存在，既是资本主义生产方式的一个前提条件，又是资本主义积累过程的必然产物。而在凯恩斯看来，失业的原因却在于有支付然力的需求不足，或"有效需求"不足。国家干预经济，就是为了刺激"有效需求"，达到"充分就业"。那么，究竟什么又是"有效需求"呢？

2. "有效需求"原理

许多资产阶级经济学家认为，凯恩斯在理论上的最大贡献，是提出了"有效需求"原理。美国著名凯恩斯主义者克莱因甚至说，"有效需求"原理的提出，是经济学上的"凯恩斯革命"③。的确，"有效需求"原理是凯恩斯整个理论的基础，是凯恩斯主义的核心。

其实，资产阶级经济学家捧得很高的这个"原理"，是非常平庸

---

① 《就业、利息和货币通论》，商务印书馆，1963 年，第 19 页。
② 《经济政策和充分就业》，上海人民出版社，1959 年，第 113 页。
③ 《凯恩斯革命》，纽约，1948 年，第 58 页。

的。在凯恩斯看来,"有效需求"就是总供给价格和总需求价格相等时的总需求价格。

在资本主义制度下,资本家办企业的目的,是为了榨取剩余价值,获得最大利润。凯恩斯认为,资本家为了获得最大利润,需要从供给和需求两方面来考虑生产究竟应该达到什么样的规模,雇佣的工人人数应该达到什么样的水平。他说,在供给方面,每个资本家都期望所雇佣的一定数量工人生产出来的商品,能够得到这样一种"卖价",这个卖价不仅使他能够收回支付给生产要素的成本,并且能够取得一定数量的利润,否则,他就不愿意提供这个就业量。凯恩斯把这种"卖价"称为"供给价格",把所有资本家的"供给价格"加起来,就是所谓"总供给价格"。

凯恩斯认为,从需求方面看,全体资本家也有一个预期,即预期他们在雇佣一定数量工人时,社会购买这些工人生产的商品所愿意支付的价格。凯恩斯把这个价格称为"总需求价格"。

在凯恩斯看来,总供给价格和总需求价格之间的关系是这样的:当总需求价格小于总供给价格时,资本家不仅不能按照预期的最低利润出售商品,而且会有大量商品卖不出去。在这种情况下,资本家因得不到利润而减雇工人,减少产量。反之,如果总需求价格大于总供给价格,则商品脱销,有利可图。这时资本家会增雇工人,扩大生产。而只有当总需求价格等于总供给价格时,资本家才既不会增雇工人,扩大生产,也不会解雇工人,缩减生产,于是达到均衡状态。这种在总供给价格和总需求价格达到均衡状态时的总需求,就是凯恩斯所讲的"有效需求"。

按照凯恩斯的有效需求原理,在没有国家调节经济(即自由放任)的条件下,一般的均衡都小于充分就业的均衡。这就是说,在"自由放任"的资本主义社会中,一般说来,非自愿失业是长期存在的。单单凭借自发的供给和需求,或自发的储蓄和投资的均衡所决定的有效需求,不足以消灭非自愿失业,或者说,不能实现充分就业。凯恩斯断言,资本主义社会所以存在大量失业(非自愿失业),原因就是"有效需求"不足。在没有国家干预经济的条件下,资本主义社会对于劳动力的需求，一般不足以实现"充分就业"。相反地，在国家干预经济的条件下，只要国家设法刺激"有效需求"，并以实现"充分就业"为目的资本主义社会就能实现"充分就业"。

凯恩斯的"有效需求"原理，是一个根本错误的、十分庸俗的概念。

首先，凯恩斯的"有效需求"概念是从马尔萨斯那里抄来的。在马尔萨斯看来，为了资本主义生产的顺利进行，必须维持足够的"有效需求"，也就是必须使消费者有足够的购买力，以实现资本家的利润，并购买生产出来的全部商品。因此，他极力颂扬土地贵族、教会僧侣等寄生阶级的挥霍浪费。凯恩斯和马尔萨斯在这个问题上的区别，不过是马尔萨斯维护地主贵族阶级的利益，而凯恩斯维护垄断资本家的利益，并把它编造得更加庞杂、更加庸俗罢了。

其次，凯恩斯的"有效需求"原理是一个主观唯心主义的概念。在凯恩斯看来，所谓"有效需求"，并非真正有支付能力的需求，而是指一种预期，即资本家对社会各个阶级购买社会产品所愿意支付的货币额的预期，所以它是存在于资本家头脑中的一个主观概念。而实际上，资本主义社会的需求，不是来自于或取决于资本家头脑中的预期，而是决定于资本主义的生产关系和分配关系。

最后，凯恩斯强调就业量、总产量决定于"有效需求"，认为只要"有效需求"增加了，即投入流通中用以购买商品的货币数量增加了，就业和生产问题就能随之解决。十分明显，这是庸俗的流通决定生产的观点。大家知道，生产、分配、交换和消费四者是辩证统一的，但其中起决定性作用的、主要的因素是生产，生产的性质和方式决定着分配、交换和消费的性质。

(三)凯恩斯"发现"的三大基本心理"规律"

在前面已经说过，根据凯恩斯的理论，失业的产生是由于"有效需求"不足。那么，决定有效需求水平的又是一些什么因素呢？凯恩斯究竟发现了什么因素造成有效需求不足呢？在凯恩斯看来，有效需求不足是由消费需求不足和投资需求不足造成的，而消费需求不足和投资需求不足又是由三个基本心理"规律"——消费倾向规律、资本边际效率规律和流动偏好规律决定的。

1. 消费倾向"规律"

凯恩斯认为，人们消费量的多少主要取决于收入的大小，他把消费和收入之间的比例关系称为消费倾向。例如，收入 100 美元，消费 80 美元，则消费倾向为 $\frac{80}{100}$，或 80%。凯恩斯还有一个"边际消费倾向"的概念。边际消费倾向指的是新增收入量和新增消费量之间的比例关系。例如，收入由 100 美元增加到 110 美元(增加 10 美元)，其中消费从 80 美元增加到 85 美元(增加 5 美元)，则边际消费倾向为或 $\frac{5}{10}$，或 50%；当收入又由 110 美元增加到 120 美元(增加 10 美元)，其中，消费从 85 美元增加到 87 美元(增加 2 美元)，则边际消费倾向为 $\frac{2}{10}$，或 20%。这就是边际消费倾向渐减的意思。

凯恩斯自称他"发现"了消费倾向"规律"："无论从先验的人性看，或从经验中的具体事实看，有一个基本心理规律，我们可以确信不疑。一般而论，当收入增加时，人们将增加其消费，但消费的增加，不若其收入增加之甚。"①这就是说，消费倾向规律的内容是：随着收入的增加，消费也增加，但在增加的收入中，用来消费的部分所占的比例越来越小，用来储蓄的部分所占的比例越来越大。

凯恩斯从这个"消费倾向规律"得出结论说：(1)随着收入的增长，消费需求相对说来越来越不足，从而消费品部门的生产和就业都会受到阻碍；(2)随着收入的增长，在收入(或者社会总产量)和消费之间会造成一个越来越大的缺口，这时如果不相应地增加投资量来填补这个缺口，那么有效需求总量就会降低，从而使得资本家不得不缩

① 《就业、利息和货币通论》，第 84—85 页，译文略有改动。

减生产，解雇工人，使社会上产生"非自愿失业"。凯恩斯认为，越是发达的资本主义国家，越是需要扩大新投资来填补这个缺口，否则，失业量必然会越来越大。

凯恩斯的所谓消费倾向"规律"，不是客观存在的，完全是凭空捏造的，反科学的。

首先，消费倾向"规律"是从主观心理或先验的人性中产生出来的，这完全暴露了凯恩斯的唯心主义面目。大家知道，消费同其他任何经济范畴一样，"只不过是生产方面社会关系的理论表现，即其抽象。"①是客观的、历史的范畴。至于所谓人性，则只有具体的人性，没有抽象的人性。在阶级社会里，只有带着阶级性的人性，而没有什么超阶级的人性。凯恩斯企图从主观心理、先验的人性中引申出消费倾向"规律"，毫无疑问，这是十分荒谬的。

其次，消费倾向"规律"根本抹杀消费的阶级区别，为资本主义失业现象辩护。在凯恩斯看来，仿佛人类社会产生以来就存在着他所说的消费倾向"规律"，它不仅适用于资本主义社会，也适用于其他任何社会，而在资本主义社会中，不仅适用于资产阶级，也适用于无产阶级。凯恩斯在谈到消费时，经常把资本家和工人混在一起，称为"人们"或"公众"，就充分说明了这一点。但是，像凯恩斯虚构的这样一个抽象的、适用于任何时代任何阶级的消费"规律"，在人类社会是根本不存在的。事实上，消费总是具体的，在一定历史条件下，各个阶级的消费状况，总是由各个不同阶级间的相互关系和他们自身的经济地位决定的。从资本主义社会来看，资产阶级和无产阶级的消费就具有完全不同的性质。资本家的消费来源于剥削的剩余价值，它不仅保证资本家过着骄奢淫逸、挥霍浪费的腐朽生活，而且还能增加储蓄，扩大资本积累。至于工人的消费，则服从于劳动力价值规律，他们很难维持最低限度的生活，不少人忍饥挨饿，根本谈不上什么储蓄。就算他们之中有的节衣缩食，可能储蓄一点，以防备失业那样的苦日子，但这不是心理规律发生作用的结果，而是资本主义社会经济

---

① 《马克思恩格斯全集》第4卷，第143页。

条件下所产生的现象。凯恩斯所以编造出这样一个"规律"，其目的就是企图抹杀资本主义社会中资产阶级和无产阶级的消费具有鲜明的对立性质，抹杀由此反映出的工人和资本家的对立关系。

最后，消费倾向"规律"除了要说明消费需求不足，产生失业而外，还企图把它说成是经济危机的重要原因。诚然，在资本主义社会中，工人阶级和劳动人民对商品的需求是极其有限的，存在着千百万劳动群众消费不足的事实，但这是由资本主义生产资料私有制和对抗性的分配关系决定的。而且，劳动群众消费不足是一切剥削社会所共有的现象，而经济危机只是资本主义社会所固有的，用各个剥削社会一直存在的群众消费不足来说明资本主义社会所特有的经济危机，是完全违背逻辑的。实际上，经济危机的根源在于资本主义的基本矛盾——生产的社会性和私人资本主义占有制之间的矛盾，在于资本主义制度本身。

2. 资本边际效率"规律"

凯恩斯认为，在资本主义社会，不仅消费需求不足，而且投资需求也越来越不足。而投资需求不足，又是由资本边际效率"规律"和流动偏好"规律"的作用造成的。

什么是资本边际效率呢？凯恩斯所说的资本边际效率，简单地说，就是资本家在进行新的投资时，预期能够从这笔投资得到的利润率，也就是预期利润率。凯恩斯由此又提出了一个所谓资本边际效率"规律"：在其他条件不变的情况下，投资越多，生产越多，资本家预期的利润率就越低，资本边际效率将逐渐下降。在凯恩斯看来，资本边际效率之所以下降，一方面是由于投资物产量增加时，生产设备所受的压力加大，因而成本会提高；但从长期看，更重要的原因是，当投资物的供给增加时，资本家预计将来各个时期从它得到的收益将会下降。据说这是因为当资本家对工厂设备进行新的投资时，他不只考虑设备的现有数量，而更多地要考虑将来各个时期的技术变化、有效需求、竞争情况、政治形势等对收益发生影响的因素；由于资本家对未来的估计缺乏信心，而希望又往往落空，所以他们预期的资本边际效率常常偏低，而且不稳定。这样，私人投资的诱力越来越弱，从而影响到投资需求的减弱，这就是所谓资本边际效率"规律"对生产和就业所产生的不利影响。

所谓资本边际效率"规律"的荒谬性，也是十分明显的。

第一，资本边际效率也是一个主观心理范畴。在凯恩斯看来，资本边际效率取决于资本家的心理状态，把资本家"油然自发的情绪"，以及"神经是否健全"、"消化是否良好"、"对于气候的反映如何"等等"影响一人之情绪"的东西，都看作是决定资本家预期利润和预期利润率高低的因素。显然，凯恩斯的这些看法是完全错误的。资本家对将来的预期，包括非常乐观的预期，并不能创造任何利润。利润是剩余价值的转化形态，唯有剥削雇佣工人才能取得利润。而且，资本家的预期也无法改变剩余价值在资本家之间的分配，因为这种分配取决于他们之间经济力量的对比。凯恩斯编造这种"理论"，目的在于替国家对垄断资本家提供补助，订货、减税、低利贷款，保证他们能够攫取高额垄断利润，寻找借口，因为这些都被看作是影响资本家的乐观情绪和经营积极性所必需的。

第二，资本边际效率是萨伊生产三要素（土地、资本、劳动）理论和三位一体公式（土地—地租、资本—利息、劳动—工资）的翻版。在凯恩斯看来，似乎资本自身具有效率，能够生产利润，这就完全掩盖和否定了资本家对工人的剥削。

第三，如同把消费需求不足说成是经济危机的一个原因一样，凯恩斯也企图把投资需求不足说成是产生危机的另一重要原因。在这里，凯恩斯完全颠倒了因果关系。实际上，投资减少，是危机的结果，而不是危机的原因。在危机爆发前，生产就已大大超过有支付能力的需求，可是资本家在无政府状态下仍然继续盲目扩大生产，这就大大激化了生产扩大和有支付能力的需求相对狭小之间的矛盾，导致了危机的爆发。只是在这个时候，由于再生产过程的停滞，大量投入的资本无法利用，资本家才被迫紧缩生产，收缩投资。可见，危机并不是由于生产资本的缺乏造成的，恰恰相反，正好是在危机时期，生产资本是相对过剩了。

3. 流动偏好"规律"

在凯恩斯看来，资本家对投资物的需求，不只取决于资本边际效率，而且还取决于资本边际效率扣除市场利息率以后的预期纯利润率。如果扣除市场利息率以后还有剩余（即存在有纯利润率），资本家投资就有利，就会继续投资，如果没有剩余，资本家也就不再进行投资。所以，资本边际效率越大，市场利息率越低，资本家投资也越有利。按照凯恩斯的说法，利息率是决定投资的另一个因素。

凯恩斯认为，利息率受另一个心理规律，即流动偏好"规律"的支配。

所谓"流动性"，就是指一种资产在不损害其原有价值的条件下，变换货币（现金）的难易程度。据凯恩斯说，货币是流动性最大的资产，同其他资产比较，具有使用上的灵活性，因而人们都喜爱保持一定数量的货币在手边，以满足应付各种开支、预防意外和进行投机活动的需要。凯恩斯说，人们出于种种动机，主要出于投机动机，想用货币形式来保持其一部分财富。所谓"投机动机"，就是"相信自己对未来之看法，较市场上一般人高明，想由此从中取利。"①这种由于货币具有流动性而引起人们的偏好，凯恩斯就称之为流动偏好。

凯恩斯认为，人们既然在心理上有保存货币的偏好，现在要某人放弃这种偏好，把货币贷给别人，就应当给予报酬，即付给利息，弥补他对流动偏好的放弃。因此，利息是放弃流动偏好的报酬。凯恩斯还认为，流动偏好和货币数量有十分密切的关系。利息率是由货币的供给和需求的均衡决定的，流动偏好是货币的需求，货币数量是货币的供给；当货币数量不变时，利息率取决于流动偏好；当流动偏好不变时，利息率取决于货币数量。所谓流动偏好"规律"就是说，当货币的供给数量不变时，利息率由货币的需求（流动偏好）来决定。

在凯恩斯看来，由于人们不仅对于货币的流动性具有偏好，必须取得一定的利息才肯贷出货币，因而利息率总会保持一定的高度，而

---

① 《就业、利息和货币通论》，第 144 页。

且当对货币的需求增加时，利息率还会上升，这就削弱了投资的诱力，妨碍资本家继续投资，从而对生产和就业产生不利影响。

凯恩斯的"流动偏好规律"又是什么货色呢？

第一，同样玩弄心理概念，撇开生产关系，歪曲利息的来源和实质。利息根本不是放弃流动偏好的报酬，而是产业资本家付给借贷资本家的一部分利润，因而它的来源是剩余价值。如果不是剥削工人生产出来的剩余价值，靠所谓放弃流动偏好，是无论如何生不出利息来的。

第二，所谓由货币的供求关系决定利息率，是完全错误的。在供给方面，凯恩斯把货币和借贷资本混为一谈。其实，货币并不就是资本，影响利息率水平的，并不是货币的数量，而是借贷资本的数量。在需求方面，他用流动偏好来解释，在资产阶级旧庸俗经济学的供求论上，又加上了主观心理因素，这使供求论进一步庸俗化了。

第三，利息率上升妨碍继续投资的理论，是不符合资本主义现实的。在现代资本主义条件下，垄断资本家对国内外劳动人民剥削加强，利润急剧增长，利润率大大超过利息率，这表明"投资不足"并不是由低利润率、高利息率造成的。在资本主义经济周期中，萧条时期利息率往往很低，但投资量有限；高涨时期利息率往往很高，投资量却上升很快，这也说明利息率水平并不是投资的决定因素。事实上，投资的决定因素是能否获取垄断利润，是利润量和现有的利润率水平。

（四）凯恩斯编造的"倍数论"

上面说过，凯恩斯认为，在资本主义社会，随着收入的增加，消费需求将越来越不足，因而需要相应的投资，来弥补在收入和消费之间形成的越来越大的缺口。否则，就会引起非自愿失业。而且，凯恩斯还认为，在短期内消费倾向是比较稳定的，不会发生大的变动。因此，凯恩斯极力强调投资对就业量和收入变动的作用。

为了说明投资的作用，凯恩斯在边际消费倾向概念的基础上，建立了所谓"倍数论"（又叫"乘数原理"）。他借助于乘数方程式，用数学来说明投资数量同就业和收入大小之间的依赖关系。所谓倍数论，就是指在一定的消费倾向下，增加的投资可以引起收入和就业增加若干倍。倍数的大小直接取决于边际消费倾向数值的大小。例如，假定边际消费倾向为 $\frac{4}{5}$，则增加投资 100 万美元，就可增加总收入 500 万美元。这个过程是这样的：投资增加 100 万美元，那么，这 100 万美元将成为生产这些投资物的人们的收入；这些人将其增加的收入的 $\frac{4}{5}$，即 80 万美元（100 万美元 $\times\frac{4}{5}$）用来购买消费品，于是这部分又成为生产这些消费品人们的收入；他们又会将其 $\frac{4}{5}$。即 64 万美元（100 万美元 $\times\frac{4}{5}\times\frac{4}{5}$）再购买消费品，于是它又成为另一些生产这批消费品人们的收入……这样继续下去，原始投资虽然只增加了 100 万美元，但把所有这些派生收入加在一起，却可以得到 500 万美元的收入。这可以用下面的算式表示出来：

$$100+\left(100\times\frac{4}{5}\right)+\left(100\times\frac{4}{5}\times\frac{4}{5}\right)+\cdots\cdots=500$$

在这里，500 万美元是 100 万美元的 5 倍，所以倍数就为 5。同样，如果边际消费倾向为 $\frac{9}{10}$，则倍数为 10，说明 100 万美元的新投资能导致增加 1000 万美元的收入；增加的收入为增加的投资的 10 倍。

总之，在凯恩斯看来，增加一笔投资，最终引起的总收入的增加额，不仅包括因增加这笔投资而直接增加的收入，而且还包括因间接引起的消费需求的增加而增加的收入。这样得到的总收入增量和投资增量之比，称为投资倍数。边际消费倾向的数值越大，倍数数值也越大。

为了说明扩大投资对增加就业的影响，凯恩斯假定投资倍数与就业倍数相同。当投资增加使收入增加几倍，就业就增加几倍。并且认为，在资本主义社会，只要设法增加投资，是可以消灭失业的。在私人投资缺乏时，如不增加政府的开支，如扩大公共工程，扩大军火生产，增加其他非生产性开支，来弥补私人投资的不足，那么，非自愿失业就不能得到解决。反之，如果国家能够刺激投资，或者增加政府的开支，或者设法增加私人投资的诱力，或者增加国家其他一切非生产性的开支，在资本主义社会中，可以实现"充分就业"，克服经济危机，高速度发展经济。

从上面可以看出，凯恩斯的倍数论是建立在边际消费倾向概念的基础之上。但是，资本主义生产的扩大并不直接依赖于消费的增长，资本主义生产和消费的联系只是最终反映出来，资本主义生产的直接目的是取得最大限度利润，正是这一目的刺激资本家积累资本，扩大投资，发展生产。同样，在资本主义条件下，生产的增长也不导致消费的相应增加。而且，边际消费倾向是一个虚构的主观心理概念，凯恩斯把主观心理因素夸大到了荒谬绝伦的地步。根据倍数论，如果人们愿意把增加的收入99%用于消费，则一年增加的投资就可造成增加100倍的收入。如果人们愿意把增加的收入100%用于消费，则只增加一个美元的投资，就可以造成无穷的收入。十分明显，这是完全违反实际的。凯恩斯大概也感到了这一点，他不得不加以限制，说是英、美等国的倍数大约在2.5和3之间。这表明，倍数论是经不起实践检验的，根本不能科学说明投资变动和收入变动之间的真正联系。

在倍数论中，凯恩斯只描述投资增长对于收入、生产和就业的刺激作用，而完全抹杀了资本主义再生产过程中各种矛盾所起的限制作用。实际上，投资扩大固然使生产能力增长，但在资本主义条件下，这也意味着再生产过程中矛盾的增长。这些矛盾，如生产与消费之间矛盾的增长，特别是越来越频繁的经济危机，必然使凯恩斯所设想的投资效果不能实现。而且，还必须考虑到其他一些因素对投资效果所造成的限制，如企业经常开工不足，存在大量未能使用的商品储存，会很快使增加的投资为现有商品储存所吸收，不能扩大生产。

凯恩斯还完全撇开了不变资本，认为增加的投资支出和购买消费品的货币支出全部变为收入。实际上，扩大投资所需要的机器、设备、有用建筑物、原科等劳动生产品(不变资本)绝不能构成收入。资本主义国家的全部生产品,和单个生产品一样,系由下面三个部分所组成:(1)不变资本(c);(2)可变资本(v);(3)剩余价值(m)。商品的价值等于c+v+m,而收入只等于v+m,凯恩斯撇开不变资本的价值,意味着生产中耗费的不变资本价值不需要补偿,这无疑大大夸大了投资所引起的效果。

倍数论还完全撇开了资本有机构成,断言投资倍数等于就业倍数,这也是根本违背资本主义现实的。实际上,决定就业量变动的因素和决定生产、收入变动的因素是不同的。在资本主义社会,就业量的变动直接取决于可变资本的变化,而随着投资的增长和资本有机构成的提高,其结果必然是对劳动力需求的相对减少,这在当前科学技术迅速进步,自动化飞快发展的情况下表现得特别明显。

但是,马克思主义政治经济学并不否认,增加投资在一定条件下可以引起较大的国民收入和就业量。马克思在《资本论》中就曾指出,必须考虑一些部门生产的变化对于其他有关部门生产和收入变化的影响。凯恩斯倍数论所说明的,一次投资的变动会对需求、就业和收入,产生连锁的影响或效应,这在经济生活中是客观存在的。问题在于,凯恩斯的倍数原理歪曲地反映了这种客观存在的相互影响,特别是把倍数的大小,进而国民收入的增长,仅仅归结为决定于消费倾向。只要把"倍数论"从凯恩斯的唯心主义理论体系中脱离开来,剔除它的非科学因素(如过分夸大投资效果),揭露和批判它的辩护性,那么,它所反映的再生产过程中的那种连锁效应,对于我们研究社会主义再生产问题,是有参考价值的。

(五)凯恩斯的经济政策主张

1. 经济政策主张的出发点——国家必须干预经济

凯恩斯的经济学说,既包括他的一整套就业理论,也包括他的一整套政策主张。凯恩斯的经济学说是国家垄断资本主义的产物。从历史顺序来说，先有国家干预经济生活的具体措施，先有企图拯救资本主义的政策主张，然后才编造出为之提供理论根据的凯恩斯经济学说。但凯恩斯的经济学说一经编造出来，就成为已经存在的国家垄断资本主义的理论根据，并促进国家垄断资本主义的进一步发展。

前面已经说过，凯恩斯认为，资本主义社会产生失业和危机的原因，在于市场上的有效需求不足，而有效需求不足由两方面构成：(1)消费需求不足，这是由于消费倾向偏低所造成的；(2)投资需求不足，这是由于资本边际效率相对于利息率偏低，或利息率相对于资本边际效率偏高所造成的，而利息率偏高又是由流动偏好偏高或货币数量偏少造成的。因此，凯恩斯进一步指出，如果要解决失业和经济危机问题，那就必须：(1)设法提高消费倾向，以便扩大消费；(2)设法提高资本边际效率或降低利息率，以便扩大投资。只有从这两方面提供足够的有效需求，失业和危机问题才能得到解决。这就是凯恩斯从他的经济理论体系中得出的政策结论。

但是，这两个"必须"怎样才能做到，如何才能实现这些政策建议的要求呢？

在凯恩斯的经济理论出现以前，特别是在第一次世界大战以前，在发达的资本主义国家中，资产阶级的经济纲领也仍然是"自由放任"，反对国家干预经济，主张节约储蓄、财政收支平衡和物价稳定。这一切是符合当时历史条件下资产阶级的需要的。但是，随着资本主义基本矛盾的日益激化，爆发了1929—1933年空前严重的经济大危机。这时，自由放任的经济理论和经济政策行不通了，于是由政府干预经济活动的国家垄断资本主义取而代之。

在这种情况下，凯恩斯认为，在现代资本主义社会由于三个"心理规律"的作用，单纯依靠私营经济的市场自动调节，不可能保证社会资源的使用达到"充分就业"的水平；而要改变这种情况，只有靠资产阶级国家对经济进行直接的干预或调节，否则，资本主义制度就会崩溃。他说："政府机能不能不扩大，这从十九世纪政论家看来，或从当代美国理财家看来，恐怕要认为是对于个人主义之极大侵犯。然而我为之辩护，认为这是唯一切实办法，可以避免现行经济形态之全部毁灭；又是必要条件，可以让私人策动力有适当运用。"①可见，在凯恩斯的经济政策观点中，最本质之点就是主张国家调节经济，干预经济生活，也就是主张发展和加强国家垄断资本主义。只有这样，才能做到上面说的两个"必须"。

在设法扩大消费方面，凯恩斯认为，国家必须指导消费倾向，应当鼓励一般人的消费。实际上，在资本主义社会里，无产阶级经常处于艰难竭蹶之中，所得工资不足以糊口，哪有那么多的钱用来消费、少储蓄?! 本来，如果提高实际工资，减轻资本家对劳动人民的剥削，是提高资本主义社会消费需求的有效途径。但凯恩斯根本不愿损害资本家一分一厘，恰好相反，他倒主张降低实际工资来促进"充分就业"。所以，凯恩斯主要是鼓励剥削阶级扩大寄生腐朽性消费和挥霍浪费，并为之辩护。

在设法扩大投资方面，首先是刺激资本家投资的积极性，这就要充分保证垄断资本企业享有最有利的条件，使它更残酷地剥削工人，获得更高的垄断利润，使资本家的悲观情绪转变为乐观情绪，愿意投资。不仅如此，凯恩斯还非常强调国家直接投资，鼓吹投资社会化，实质上，这不过意味着国家把从劳动人民身上搜括的大量税款，作为政府支出，事情却由私营企业来办，让垄断资本家获取厚利。

凯恩斯正是在设法扩大消费和扩大投资，以达到"充分就业"的名义下，提出了一系列政策主张，其中最主要的是赤字财政政策、通货膨胀政策和对外扩张政策。

2. 赤字财政政策

凯恩斯否定资产阶级旧庸俗经济学关于保持国家预算平衡的观点，竭力主张推行赤字财政政策。所谓赤字财政政策，就是政府增加的支出，只要能够促进经济增长，并使个人收入增长，即使经常出现财政赤字也无关紧要。为此，凯恩斯提出了如下论点：(1)政府扩大支出，增加了国家投资和国家消费。但如果同时增加政府收入(主要

---

① 《就业，利息和货币通论》，第323—324页。

靠所得税），则缩小了私人投资和私人消费。两者互相抵销，有效需求仍然不足。因此，不应采取增加政府收入以扩大政府支出的财政政策，而应采取"举债支出"的财政政策，也就是赤字财政政策。（2）资产阶级国家的一切支出都具有"生产性"，连极度的浪费也是"生产性"的。凯恩斯公然认为："设财政部以旧瓶装满钞票，然后以此旧瓶，选择适宜深度，埋于废弃不用的煤矿中，再用垃圾把煤矿塞满，然后把产钞区域之开采权租与私人，出租以后，即不再闻问，让私人企业把这些钞票再挖出来，——如果能够这样办，失业问题就没有了，而且影响所及，社会之真实所得与资本财富，大概要比现在大许多。"①他还说："故借口采金，在地上挖窟窿，乃是银行家认为不违健全财政原则之唯一活动。"②凯恩斯得出的结论是："举债支出虽然'浪费'，但结果倒可以使社会致富。"③（3）甚至天灾人祸以及发动战争，也都是"生产性"的。凯恩斯竟荒谬地说："建造金字塔，甚至地震、战争等天灾人祸，都可以增加财富"，"金矿与战争都对人类进步有贡献——因为没有更好办法。"④第二次世界大战爆发后，军火生产和军事动员为帝国主义国家带来一时虚假繁荣和暂时的就业增加，凯恩斯不禁欣喜若狂，以为一举解决了危机和就业问题，证明了他的学说的"正确"。

凯恩斯提出的这些论点和政策措施，没有也不可能解决资本主义的危机和失业问题。但十分清楚地表明，凯恩斯的理论早已成为帝国主义国家实行国民经济军事化和推行罪恶的侵略政策和战争政策的重要依据。凯恩斯及其追随者的战争叫嚣，也并不是为了"充分就业"，而是为了通过庞大的军事订货，保证垄断资本获得高额垄断利润。

3. 通货膨胀政策

凯恩斯主张的赤字财政政策，必然导致通货膨胀。资产阶级政府

---

① 《就业、利息和货币通论》，第 110 页。
② 《就业、利息和货币通论》，第 110 页。
③ 《就业、利息和货币通论》，第 109—110 页。
④ 《就业、利息和货币通论》，第 109—110 页。

为了弥补财政赤字，一方面加紧向劳动人民征税，另一方面是靠增发钞票和增发国债。在美国，通货数量（包括钞票和活期存款）在 1939 年为 373.9 亿美元，而到 1974 年增为 2990.4 亿美元，增长了 7 倍。据统计，1979 年的货币供应量（狭义的），已经达到 3710 亿美元。战后通货膨胀不已的结果，是物价持续上涨。同时，战后国债的增长也很惊人，七十年代初，联邦政府国债共 4095 亿美元，1979 年增加到 8338 亿美元，不到十年就翻了一番，支出的国债利息高达 649 亿美元，占年度财政支出的 11.1%。资产阶级国家由于入不敷出，通过银行扩大公债的发行，也会带来通货膨胀的后果。所以，只要一实行赤字财政政策，必然同时实行通货膨胀政策。

通货膨胀不仅是推行赤字财政的必然产物，而且也被凯恩斯看作是资产阶级国家应该有意识地推行的一项反危机政策。因此，凯恩斯不同意资产阶级旧庸俗经济学关于保持物价稳定的观点，而竭力主张推行通货膨胀政策，企图用通货膨胀的手段来弥补赤字。同时，他还认为，通货膨胀对于解救危机和减少失业是一个行之有效的办法：(1)它既可以扩大社会支付能力，又可以压低利率。低的利率既能刺激消费，又能刺激投资，均有利于经济的增长和就业的增加。凯恩斯甚至说："失业问题之所以发生，就是由于人们得不到梦寐以求的东西，亦即人们当需要的东西（货币）不能任意制造，而对它的需求又不容易被压制下去的话，工人就无法就业。唯一补救之道只有说服群众，纸币也同样是货币。"①(2)它可以压低实际工资，增加资本家的利润，有利于增加就业。资产阶级庸俗经济学家（如庇古）都主张通过降低实际工资，增加利润，使资本家雇佣更多的工人。凯恩斯完全同意这一论点，但在如何降低实际工资的方法上，他不同意庇古等人那种直接削减货币工资，从而压低实际工资的方法，认为这是一种愚蠢的方法，容易引起工人的反抗。凯恩斯提出了一个更加狡猾的方法：这就是让货币工资不变，而用提高物价的方法来暗地里降低实际工资。他写道："当雇主们设法压低货币工资时，其所遭遇之抵抗，

---

① 《就业、利息和货币通论》，第 198 页。译文略有改动。

比之当物价上涨，真实工资逐渐下降时，所遭遇之抵抗，要强烈得多。"①

在这里，我们可以看到，凯恩斯是多么公开无耻地站在垄断资本家一边，千方百计地反对工人阶级！毫无疑问，凯恩斯鼓吹的通货膨胀政策，对垄断资产阶级是十分有利的。但持续推行通货膨胀政策，必然引起物价加速上涨、经济混乱、社会动荡、国际贸易收支状况恶化等后果。在当前，已经出现了十分严重的恶果，这对垄断资产阶级也是不利的，"会造成群众性的经济和社会荡动，甚至可引起革命"。因此，当代许多资产阶级经济学家被迫主张反对通货膨胀，英、美政府也不得不执行反通货膨胀的政策了。但他们都企图把减缓通货膨胀付出的代价转嫁到劳动人民身上，替推行通货膨胀政策带来的恶果开脱罪责。他们否认物价不断上涨是推行通货膨胀政策的结果，硬说是由于工资不断提高造成的；否认物价不断上涨必然加剧财产和收入的集中，引起劳动人民进一步贫困化，硬说这是"适应增长需要"、"达到充分就业"必须付出的代价。

4. 对外扩张政策

在凯恩斯以前，正如资产阶级旧庸俗经济学在国内市场方面坚持萨伊法则，认为市场供给会自动创造市场需求，供求必然相等，不会发生有效需求不足一样，在国际方面，庸俗传统贸易理论也认为进口由出口偿付，二者也必然相等，即使由于一时的原因或由于人为力量使贸易出现逆差，仍将通过黄金的移动和由此产生的物价变动而自动得到调节，使贸易恢复平衡。因此，不必担心进口大于出口、贸易出现逆差。相反地，贸易顺差也并不是可喜的现象。所以，这时的资产阶级经济学家一般都主张自由贸易政策，反对国家对国际贸易进行干预。

凯恩斯则不同，他在《就业、利息和货币通论》中虽然以"闭关社会"(撇开对外经济关系)作为研究对象，但已经指出：在某一时期如

---

① 《就业、利息和货币通论》，第223页。

果存在大量失业现象，但工资水平不易改变，"流动偏好"也相当稳定，银行又固守成规，当局既不能直接控制利率，又不能直接操纵国内投资的其他引诱，那么，扩大对外商品输出和资本输出，一样可以扩大有效需求，为国内滞销商品和"过剩"资本找到出路，从而带来较多的就业机会和较多的国民收入。可见，在凯恩斯看来，增加顺差是政府可以增加国外投资的唯一直接办法。同时他还认为，贸易若为顺差，不仅可以增加国外投资，而且由于输入黄金，可以降低利息率，从而间接增加国内的投资诱惑力。基于这种观点，凯恩斯及其门徒采取了与传统自由贸易政策完全不同的政策，那就是主张政府干预，扩大出口、限制进口的贸易政策。

虽然如此，凯恩斯并不隐讳这种扩张的出口贸易政策，是一种"以邻为壑"和损人利己的政策。他承认，"一国由贸易顺差得到的好处往往就是他国蒙受的损失"，因而"假使这种政策推行过火，会引起毫无意义的国际竞争"，招致别国的报复。

一切凯恩斯主义者都遵循凯恩斯的扩张性贸易顺差理论，认为一个国家越是扩大出口，越是限制进口，对增加本国国民收入的作用就越大，解决失业和危机问题的效力也就越大。一国继续不断维持贸易顺差，就可以使国民收入继续不断地成倍增长。现代凯恩斯主义者甚至认为，扩大资本输出，不会引起凯恩斯所承认的那种"以邻为壑"的后果。据说这是因为资本输出不会使对方蒙受损失，而且对双方都有利。他们热衷于鼓吹向发展中国家输出资本，认为这些国家的贫困落后是由于"资本不足"，向它们输出资本是帮助其发展经济的一种"援助"和"善行"。可见，在凯恩斯主义国家调节经济的理论和政策中，利用国家来扩大商品和资本输出，以加强对外经济侵略和经济渗透，是一项主要内容。

所谓资本输出"对双方有利"的论调，是十分虚伪的。现代帝国主义国家拼命争夺有利的投资场所，竞相输出资本，首先是因为资本家要赚钱，银行家要赚利息，借以解救他们自己的危机。同时，资本输出加深了经济不发达国家对帝国主义国家的依赖，也就是说，成为帝国主义国家进一步控制经济不发达国家的经济工具。帝国主义国家有时也给一点"援助"，那只不过为了鼓励它们沿着资本主义道路发展，尽可能使它们成为自己的附庸国或"同盟者"，巩固世界资本主义体系。凯恩斯主义者所以散布这些论调，完全是为了麻痹发展中国家人民的斗争意志，为垄断资本进一步奴役、掠夺这些国家的人民，加强对这些国家和地区的争夺，推行新殖民主义，推行帝国主义的侵略政策和战争政策效劳。

凯恩斯及其门徒的经济政策主张，近半个世纪来（从《就业、利息和货币通论》出版算起），对现代资本主义国家的内外经济政策，产生了十分广泛的影响。例如，美国早在三十年代，罗斯福总统就采取了一系列符合凯恩斯经济理论的政策和措施。第二次世界大战后，美国历届政府都顽固地抱着凯恩斯主义不放。在国内，都利用财政手段，不断增加税收，增发公债和钞票，从劳动人民身上搜刮大量预算资金；同时，又用采购方式（主要是军事订货）及其他一系列措施，如实行低利贷款、降低公司收入税率、对新投资给予减税优待，加速固定资产折旧等办法，保证垄断资本攫取最大限度利润。在国外，都不断扩大政府的直接对外投资、对外贷款和对外"援助"，鼓励私人对外进行资本输出，采取各种手段尽可能输出商品，企图输出和解救国内经济危机。

5. 凯恩斯主义经济政策引起的恶果

上述凯恩斯主义经济政策，虽然对发达资本主义国家曾经有过一定"疗效"，但无异于"饮鸩止渴"。例如，战后美国推行凯恩斯主义政策最为彻底，引起的恶果特别严重：

第一，国民经济畸形发展，生产资源严重浪费。前面已经指出，凯恩斯主张浪费性的、甚至灾难性的消费和耗费。美国政府根据这种主张，使浪费性"生产"的产值在国民经济总产值中所占的比重越来越大。首先是国民经济军事化，耗费了大量的人力、物力，使国民经济陷入严重的畸形发展。近年来，美国直接军费开支在国民经济总产值中所占的比例更是扶摇直上，如下表：

美国军费开支在国民经济总产值中所占的比例(％)

财政年度	所占比例	财政年度	所占比例
1977 年	5.4	1983 年	6.3
1980 年	5.5	1984 年	6.4
1981 年	5.7	1985 年	6.9
1982 年	5.9	1986 年	7.1

根据官方的数字，美国军费开支在国民经济总产值中所占比例，将从 1980 年的 5.5% 增加到 1987 年的 7.4%。这些数字是建立在国民经济总产值年平均增长 4.6% 的基础之上的，许多美国经济学家认为，这一增长速度，对美国说来是不可能的。可见，军费的增长大大超过经济增长速度。美国全国经济活动大约有 1/4 到 1/3 是靠军费开支来维持的，1/3 的工业企业在不同程度上参加军工生产。七十年代末，美国在军事生产中就业的超过 200 万人。军工生产每年大约要耗费 75% 的镁、50% 的锻钢、不锈钢和镍、40% 以上的钛和钶、30% 的锗、20% 的铅、钴、铜和其他矿产品、10% 的石油和 33% 的工业用电。航空工业的 80%，造船工业的 60%，电子工业的 39%，电机工业的 34%，机械工业的 28%，均从事军工生产。军工生产雇佣了全国 59% 的航空工程师，20% 的电气工程师，19% 的机械工程师、冶金工程师和制图员。军工生产的就业人数中，熟练工人占 20.3%，半熟练工人占 24.5%，而在整个国民经济中，熟练工人只占 13%，半熟练工人占 18.7%。从上面这些数字可以清楚地看出，美国经济的畸形发展和浪费已达到骇人听闻的程度。

第二，"停滞—膨胀"持续不已，失业问题十分严重。在凯恩斯主义指导下，美国历届政府不仅把通货膨胀作为摆脱经济危机的药方，而且把它当作刺激经济增长的法宝。但是，事与愿违，美国频繁地发生经济危机，在战后不到四十年的时期内，危机已达七次之多，其中有 1974—1975 年和 1979—1982 年这样严重的经济危机。在过去的长时期内(从 1825 年英国第一次经济危机至本世纪六十年代），经济危机的常规现象是生产剧降，物价下跌，而战后的危机，特别是1974—1975年经济危机一反常态：一方面库存大增，生产下降，另一方面通货膨胀严重，物价猛涨。1974年美国消费品物价指数上涨11%，达到空前的两位数，此后通货膨胀越来越严重，引起物价不断上涨，这从美国消费品物价总指数的变动，看得很清楚：

美国消费品物价总指数（1970年＝100）

年份	消费品物价指数
1973年	114.4
1975年	138.6
1978年	167.9
1980年	212.5
1981年	241.1

在持续不已的"停滞—膨胀"下，劳动者不仅生活水平下降，而且遭受失业之苦。资产阶级经济学家和政客们企图证明，似乎军备竞赛能够消灭或减少失业，如美国国防部长温伯格1983年3月在国会就曾经说过，如果按某些国会议员主张的，1983年财政年度缩减军费支出100亿美元，那么将会丧失35万个工作岗位。但实际上，军备竞赛并没有减少失业，近年来，美国军费扶摇直上，失业人数也稳步增加（见下表），这证明凯恩斯的就业理论完全破产了。

美国官方公布的完全失业人数（年平均数。单位：万人）

年份	失业人数
1860—1969年	363
1970—1979年	583
1979年	614

续表

年份	失业人数
1980 年	764
1981 年	827
1982 年	1,067

经济危机和通货膨胀使美国经济处于困难的境地，而且这种"停滞—膨胀"局面已成了不治之症。

第三，举债花费，公私债台高筑，经济陷于严重困境。战后，美国政府实行凯恩斯的赤字财政和举债花费的理论和政策。1946—1982年期间，联邦政府的预算，有二十九次出现赤字，而 1961—1982 年期间，只有 1969 财政年度收入高出支出面没有赤字。为了弥补赤字，联邦政府的债务迅速增长，见下表：

美国联邦政府的债务

财政年度	债额(亿美元)	财政年度	债额(亿美元)
1900 年	13	1950 年	2,574
1910 年	11	1960 年	2,909
1915 年	12	1970 年	3,826
1919 年	255	1975 年	5,441
1930 年	162	1980 年	9,143
1939 年	459	1981 年	10,039
1945 年	2,591	1982 年	11,342(估计数)

在美国，不仅联邦政府大量举债，各级地方政府、公司、企业和个人也都债台高筑。早在 1973 年，公私债务总额已达 28,856 亿美元，为当年国民生产总值的 2.2 倍，其中政府(包括联邦政府和各级地方政府)的债务为 7,287 亿美元，公司和企业的债务为 13,356 亿美

元，消费信贷和住房抵押贷款为 6,525 亿美元。

由此可见，战后美国经济周期中出现的"繁荣"，在很大程度上是靠赤字财政、"寅吃卯粮"（消费信贷）等办法，人为地制造出来的需求所造成的。美国《商业周刊》针对这种情况把美国的经济叫做"负债经济"，并且承认：号称"最庞大和最富足"的美国经济，正是"建筑在 25,000 亿债务的高山之巅"上面的。到八十年代初，公私债务接近 5 万亿美元。这种"负债经济"是极不正常的，而且是十分危险的，它蕴藏着更严重的经济危机。美国经济既已陷入这种困境，"负债经济"继续搞下去，不得了；不继续下去，也不得了。简直是进退维谷，一筹莫展。

第四，阶级鸿沟加深，社会矛盾加剧。美国政府的庞大支出，其中包括巨额军费开支，没有收入是不行的。收入的主要来源是征税，资本主义国家的预算收入，大约 90% 是靠税收，而税收的主要负担落在劳动人民的身上。至于政府的举债花费，不过是延期支付的税款，因为债总是要还的，而且负债的利息也来自税款。近年来，美国人民每收入一美元，就得给联邦和地方政府缴纳 37 美分的税款。税款竟超过收入的 1/3。不仅如此，加在所有消费品中的间接税大大加重了，从而降低了劳动者的实际工资。正如列宁指出的："间接税就是日用品的税，就是用抬高商品价钱的办法由买主来缴的税。……间接税是最不公道的税，因为穷人付间接税要比富人付的重得多。富人的收入比农民或者工人多十倍，甚至要多百倍。可是，富人用的白糖难道也会多百倍吗？他们用的烧酒，火柴或者煤油也会多十倍吗？当然是不会的。富人家买的煤油、烧酒、白糖，比穷人家不过多一倍，最多也不过多上两倍。而这就是说：间接税在富人收入中所占的比例要比穷人少。"①由于税收增加等原因，消费品价格增长，大大快于名义工资，这就引起劳动者实际工资的下降。美国制造业职工的实际小时工资，在 1980 年下降 4.6%。1978—1981 年期间，实际工资共降低了 13%。资本主义国

---

① 《列宁选集》第 1 卷，第 424 页。

家现在的税收制度，是给资本家提供各种途径来减轻或逃避纳税。例如，1960 年美国公司利润税在联邦预算中占 22.8%，而到 1980 年只占 12.4% 了。根据法规，1976 年公司缴纳的所得税，应占利润的 48%，而实际上只交付了 27.8%。

通货膨胀和失业给劳动者带来莫大灾难，这是众所周知的。通货膨胀使工人的工资越来越不值钱，使领取养老金和救济金的人更难以糊口。由于经常大量失业的存在，不仅失业者难于生存，而且使就业者时刻受到压低工资和被赶出工厂大门的威胁，造成美国社会严重不安。正如美国就业问题专家克里斯托尔所承认的："在我们的时代，没有讲过的故事之一就是人们在失业之后垮下来的情况。许多被解雇的行政人员中，离婚率高达 75%。他们酗酒、吸毒、由于心理上的原因而患病。自杀率是很高的"①。

由于凯恩斯所主张的政策（特别是刺激资本家投资的政策），实际上是济富劫贫的政策，美国贫富悬殊的现象是更加严重了。很据美国人口普查局发表的报告，美国 1982 年生活在官方规定的贫困线以下的人数，由 1981 年的 3,180 万增加到 3,440 万，占全国总人口的 15%。又据美国《幸福》杂志透露，1981 年美国有 10 万名百万富翁，155 名拥有财产一亿美元以上的特大富翁。接着，《福布斯》杂志又指出，列入 1982 年富翁名单的起点是一亿美元，但是由于市场物价暴涨，美国的富翁一下子增加了许多，1983 年富翁名单的起点改为一亿二千五百万美元，这种富翁有 400 人，其中拥有十亿美元以上的至少有 15 人。富翁们过着纸醉金迷、穷奢极侈的生活，例如，佐治亚州木材大王霍华特拥有一所极豪华的别墅，其陈设"犹如帝王宫殿一般，房间无数，仅洗澡间就有二十多间，洗手间也有十八个之多"；加利福尼亚州亿万富翁橘子汁公司大老板波斯特，"拥有七处别墅，雇佣仆人之多连他自己也说不清"，他"养了四十只狗和二十只猫，有二十个仆人专门照料它们。"另一方面，那些生活在贫困线以下的穷苦人民，不够吃，不够穿，家庭生活很困难，有的甚至聚在上述别

---

① 《美国新闻与世界报道》1970 年 3 月 12 日。

墅周围，等待这些阔老宴会结束，"以便在别墅周围的垃圾桶里捡些阔老们吃剩的面包、饮料、罐头和香肠带回家给自己的亲属填肚皮"。可见，"朱门酒肉臭，路有冻死骨"，也是对当代美国社会的真实写照！

由于长期推行凯恩斯主义经济政策，恶果严重，引起了资产阶级经济学中来自右的和"左"的非难。新自由主义(加货币学派、合理预期派、供给学派、哈耶克新自由主义)从右的方面批评凯恩斯学说，企图开倒车，回到旧的自由竞争的时代去。供给学派的重要代表人物费尔德斯坦发出了"摒弃凯恩斯经济学"的呼吁，他指出："在经济思想中，一场摒弃统治经济政策长达三十五年之久的凯恩斯主义思想的革命正在进行着"，"的确，就在尼克松总统把自己标榜为凯恩斯主义者的时候，一种摒弃凯恩斯经济学的倾向正在许多大学里开始发展起来。二十世纪六十年代末到七十年代初的经验正使一些年轻的经济学家清醒地认识到，凯恩斯理论的结构并不是分析美国经济现存问题的正确途径。自此，摒弃凯恩斯经济学理论的运动就愈来愈猛烈。"①在纪念凯恩斯诞生一百周年(1983年)的纪念文章里，新自由主义者哈耶克表示了对凯恩斯的轻蔑，他说：凯恩斯"既不是一个受过高等训练的经济学家，甚至也不曾把经济学的发展问题作为一门科学而给予集中的研究。说到底，他甚至对于经济学作为一门科学来说，估计并不高。"②现代货币主义者弗里德曼也在纪念文章里写道："尽管《就业、利息和货币通论》是一部伟大的著作，但我并不认为它是凯恩斯的最佳著作，这主要是因为，书中提出的试验在实践中是不成功的。"③新制度学派同样从各方面攻击凯恩斯学说，指责它不能适应新的形势，并企图取而代之。同时，凯恩斯主义内部分歧加剧，兄弟阋墙，闹得四分五裂(如"两个剑桥之争")。总之，凯恩斯学派处境不妙，遭到左右夹攻，处于四面楚歌之中。不过，凯恩斯学派并不甘心

① 《摒弃凯恩斯经济学》，关国《经济影响》季刊1982年第1期。
② 1983年6月11日和6月4日英国《经济学家》杂志。
③ 1983年6月11日和6月4日英国《经济学家》杂志。

失败，也不认输，正在重整旗鼓，企图东山再起。

（六）现代凯恩斯主义

凯恩斯《就业、利息和货币通论》发表以后，凯恩斯经济学说便盛行于资本主义世界，他的门徒对这一学说作了许多补充和发展，在五十至六十年代期间：开始形成现代凯恩斯主义，并且分成了两大支派。按照资产阶级经济学家的通常说法，就是一派向右转，企图把凯恩斯的经济学说和传统庸俗经济学说结合起来，形成所谓"新古典综合派"，或称为"后凯恩斯主流经济学派"，这一派的重要代表人物基本上是美国的资产阶级经济学家，所以有时又称之为"美国凯恩斯学派"。另一派向"左"转，企图进一步割断凯恩斯经济学说与传统庸俗经济学说的联系，形成所谓"新剑桥学派"，又称为"凯恩斯左派"或"新李嘉图学派"，这一派的重要代表人物主要是英国资产阶级经济学家，所以有时又称之为"英国凯恩斯学派"。

在现代资产阶级经济学文献中，上述两大支派往往都被称为"现代凯恩斯主义"、"新凯恩斯主义"或"后凯恩斯主义"。不过，关于"后凯恩斯主义"这一名称，在经济学著作中，有的泛指凯恩斯主义，有的特指"新剑桥学派"。现代凯恩斯主义的两大支派，在本质上没有什么不同，均属于凯恩斯学派。他们都是资本主义制度的忠诚卫士和辩护者，是国家干预论的拥护者，对凯恩斯就业理论和政策的基本内容都是信奉的。但在理论观点、分析方法和政策主张方面也存在着重大的分歧，各有自己的特点，他们都自命为凯恩斯经济学说的继承者，互相非难，彼此攻讦，新剑桥学派把新古典综合派称做"冒牌的凯恩斯主义者"，而新古典综合派则把新剑桥学派视为"异端"。由于萨缪尔森等人长期任教的美国麻省理工学院位于波士顿城附近的美国剑桥，罗宾逊等人长期任教的英国剑桥大学位于英国的剑桥，因此，西方经济学界把萨缪尔森等人为一方，罗宾逊等人为另一方的论争，叫做"两个剑桥之争"。下面就来分别谈谈现代凯恩斯主义两大支派的理论特点和分歧：

1. 后凯恩斯主流经济学派("新古典综合派"、"美国剑桥学派")

现代凯恩斯主义中的这一支派，主要代表人物是美国资产阶级经济学家萨缪尔森、托宾、索洛等。

萨缪尔森(1915—2009)1935 年毕业于芝加哥大学，1936 年和1941 年先后获哈佛大学硕士学位和博士学位，1940 年起任麻省理工学院经济学教授至今。他担任过美国政府的许多重要职务和学术团体的负责人，1970 年获诺贝尔经济学奖。他创造了"新古典综合"一词，用以说明自己经济学说的特色。所谓"新古典综合"，就是把凯恩斯经济理论同凯恩斯以前的庸俗经济学("新古典经济学")的某些理论"综合"在一起。由于受到来自各方的非难，萨缪尔森从《经济学》第八版(1970 年，初版 1948 年)起，不再使用"新古典综合"这个术语，改名为"后凯恩斯主流经济学"，但在实质内容上没有什么变化。

托宾(1918—　)是美国耶鲁大学教授，曾获 1981 年诺贝尔经济学奖。他对货币理论和货币政策的研究，对现代资本主义社会劳工市场结构的分析，以及对失业与职位空缺并存原因的分析，被认为对新古典综合派理论作出了重要贡献。

索洛(1924—　)是美国麻省理工学院教授。他曾在经济学的许多问题上发表过重要著作，对新古典综合派理论的最重要贡献，被认为是在经济增长问题方面。

以萨缪尔森、托宾、索洛等为代表的"后凯恩斯主流经济学派"的理论特点，是使凯恩斯的经济学说同新古典经济学说(以马歇尔为主要代表的庸俗经济学)调和起来。大家知道，在本世纪三十年代以前，西方各国资产阶级经济学家都坚信自由竞争、自动调节、自由放任的经济原则，信奉萨伊"供给会创造它自身的需求"的定律，否认"非自愿失业"的存在和普遍的生产过剩危机的可能。凯恩斯则摒弃萨伊定律及其否认普遍意义的生产过剩危机和非自愿失业的传统理论，摒弃通过自由竞争、自动调节可以实现充分就业均衡的旧教条，主张国家干预经济生活。这就是通常所说的"凯恩斯革命"。而萨缪尔森等人从凯恩斯理论出发，并吸收传统庸俗经济学的一些论点和方法，把二者综合在一起，用来制定他们的政策主张。正如一位资产阶级经济学家所描述的，萨缪尔森的确强调他能"尊崇两位大师"；"星期一，星期三，星期五，我可以是一名萨伊定律的侍从，而星期二，星期四，星期六，我却可以是一名凯恩斯分子"①，后凯恩斯主流经济学的理论特征主要表现在：

第一，把宏观经济学与微观经济学综合为一体。宏观经济学是以整个国民经济活动作为研究对象，它研究经济中各个有关的总量及其变化，所以宏观经济分析又称总量分析或整体分析。微观经济学是以单个经济单位作为研究对象。例如，研究个别企业、个别家庭、个别生产资源所有者、个别消费者的经济行为，或研究个别行业、个别市场的经济活动，所以微观经济分析又称个量分析或个体分析。凯恩斯的理论是建立在宏观分析的基础上，而萨缪尔森等人则把凯恩斯对整个国民经济活动所作的宏观分析，和十九世纪末新古典经济学家马歇尔对单个经济单位的经济活动所作的微观分析结合起来，并吸取了近几十年来资产阶级宏观经济学和微观经济学研究的一些新观点，成为当代资产阶级庸俗经济学说中的一个折中调和、空前庞杂的大杂烩。

第二，信奉新古典学派的边际生产力论，为资本主义收入不均辩护。后凯恩斯主流经济学一方面企图根据凯恩斯关于消费与投资的心理规律，对现代资本主义社会资本收入大量积累，而工人阶级状况并未得到改善，生产过剩的经济危机周期地不断爆发，进行新的解释；另一方面又坚持新古典学派的边际产品学说、收益递减规律，认定各生产要素共同生产，各得其边际产量，即劳动—工资、土地—地租、资本—利息、组织—利润。萨缪尔森公然认为："这个分配办法把百分之百的总产品分配给所有的生产要素"②，收入分配不均，是理所当然的。后凯恩斯主流经济学收入政策的中心是限制工资增长率，保证垄断资本获得最大限度的利润。

---

① 转引自胡代光、厉以宁编著：《当代资产阶级经济学主要流派》，商务印书馆，1982 年，第 70 页。

② 《经济学》中册，商务印书馆，1981 年，第 230 页。

第三，宣扬"混合经济"理论。凯恩斯主张在维护私人垄断资本的基础上，国家调节公私合作的经济。而后凯恩斯主流经济学则竭力宣扬市场经济(私人经济)和控制经济(国家调节)相结合的混合经济制度。萨缪尔森在他那本广为流传的《经济学》教科书中一再谈到"混合经济"，他在第三章专门论述这个问题时强调指出："我国(指美国—引者)的经济是一种"混合经济"，在其中，国家机关和私人机构都实行经济控制。"①他认为政府在经济上的作用稳步增加，这表现在三个方面：(1)政府开支不断增加；(2)国家对收入进行重新分配；(3)政府对经济活动进行干预和控制。萨缪尔森认为，"混合经济"的形成，是资本主义社会发展的必然趋势。在他看来，"混合经济"有很大的优越性，这就是把市场决定和政府决定、个人自由和社会责任、个人福利和社会福利结合起来，能够保证充分就业和经济持续增长。

实际上，所谓混合经济不过是私人垄断资本主义和国家垄断资本主义的混合，二者形式虽然不同，但目的都是为垄断资产阶级攫取最大限度的利润。

第四，适应新形势，为垄断资产阶级出谋划策。凯恩斯以有效需求不足为核心建立了一般就业理论，后凯恩斯主流经济学派根据凯恩斯理论提出一系列具体政策，以适应新的形势，为垄断资本效劳，如提出所谓补偿性财政政策，即事先根据经济情况的变化，有意识地扩大或紧缩政府支出，安排各项"反经济周期"的支出项目，变动税种税率，交替使用征税或退税的办法，以期在膨胀的危险点到来以前，主动紧缩开支，扩大收入；在萧条来临以前，主动扩大支出，减少收入，使社会总支出保持稳定，用以避免经济时盛时衰，获致经常稳定。

第五，特别注意经济增长问题。后凯恩斯主流经济学认为，经济政策的主要目标是保持稳定的、高速的经济增长，把经济增长速度提到第一位，企图建立适合于各个周期阶段的再生产一般理论。后凯恩

①《经济学》上册，商务印书馆，1979 年，第 59 页。

斯主流经济学对经济增长满怀信心，描绘出一幅乐观的前景。它和凯恩斯以前的庸俗经济学一样，把资本主义看成是和谐的、可以保持稳定增长的经济制度，并且认为只要通过经济增长，就能克服资本主义经济中的各种困难和问题，实现充分就业。

然而，到了七十年代，现代凯恩斯主义，特别是后凯恩斯主流经济学的"经济增长"理论，发生了深刻的危机。1974—1975 年经济危机、此次危机引起的严重通货膨胀和大批失业、持续的"停滞—膨胀"，更加表明经济增长理论和国家垄断调节理论毫无根据，彻底破产了。许多资产阶级经济学家承认，经济增长不能解决已经存在或正在产生的问题。他们认为其主要原因在于，加快经济增长的政策没有注意"生活质量"问题，这就引起了社会矛盾。因此，在他们看来，为了缓和社会矛盾和冲突，现在必须降低增长速度。最近时期，除了谈论经济增长条件下社会矛盾加深，又开始讨论经济增长对环境的影响问题。资产阶缓经济学家的许多著作都企图表明，经济增长同环境保护是不相容的，预言世界末日即将来临。这类观点在向罗马俱乐部递交的研究报告——《增长的极限》《人类在转折关头》《改造国际秩序》等中有了特别明显的反映。

资产阶级经济学家的这些观点，反映了资产阶级对世界资本主义末日即将来临的忧虑和悲观情绪，以及寻求摆脱困境的企图。实际上，未来世界，特别是社会主义前途是无限美好的，只有资本主义才不可能避免世界性的崩溃。降低增长速度的建议即使实现，也不能得到他们预期的结果，因为增长速度降低会引起失业的增加，将使社会矛盾更加尖锐化。要提高"生活质量"，特别是劳动者的"生活质量"，单靠降低或提高增长速度，是无济于事的，而只能靠采取激进的措施和进行社会革命，但这是资产阶级所不能接受的。在关于环境污染，不合理利用自然资源等问题上，这些资产阶级经济学家不是把造成这些问题的原因同资本主义制度联系在一起，而是把它们归之于现代技术，或者归之于人口增长和人们的心理。十分明显，这完全是为资本主义开脱罪责，为垄断资本主义辩护。

从上面的论述可以看出，后凯恩斯主流经济学的理论观点是不科学的，集新旧庸俗经济学之大成。但是，由于它主要关心的是替垄断资产阶级攫取最大限度利润、维持资本主义经济的稳定和促进资本主义经济的增长，它就比较注重数量经济方面的分析，比较注意经济管理、经济效果和经济政策效应的研究。在这些具体经济方面，它反映了现代化大生产的某些一般发展趋势，这是可以参考的。

2. 新剑桥学派（"英国剑桥学派""新李嘉图学派"）

现代凯恩斯主义这一支派的主要代表人物是琼·罗宾逊①、卡尔多、斯拉法等人。

琼·罗宾逊（1903—1983 年），于 1925 年英国剑桥大学毕业，1929 年任该大学讲师，1937 年任副教授，1965—1971 年为该大学教授，1973 年起任该大学名誉教授。罗宾逊早年属于以马歇尔为首的剑桥学派。凯恩斯的《就业、利息和货币通论》发表以后，她追随凯恩斯，成为凯恩斯经济学的积极鼓吹者。她所著的《就业理论引论》、《资本积累论》、《经济增长理论》、《异端经济学》、《现代经济学》等著作，被认为是跟从凯恩斯经济学并在理论上有所"发展"的作品。罗宾逊是新剑桥学派中最有影响的经济学家。

卡尔多（1908—　）生于匈牙利首都布达佩斯，1930 年在英国伦敦经济学院毕业，获硕士学位，1932—1947 年任该学院讲师和副教授，1947—1949 年任联合国欧洲经济委员会研究及计划组组长，1949 年回英国后，为剑桥大学最高学院研究员，1952 年起为该大学副教授，1963 年为英国学术院院士，1966—1975 年为剑桥大学教授。卡尔多作为新剑桥学派的重要代表人物，在收入分配、福利、经济增长等问题上写过一些重要著作，如《价值与分配论文集》、《经济稳定与成长论文集》、《资本积累与经济成长》等。

斯拉法（1898—　）系意大利人，长期在英国剑桥大学工作，与罗宾逊夫人共事。他于 1960 年出版的《用商品生产商品》一书，在当

---

① 本书提到的罗宾逊均指琼·罗宾逊而言，不要与她的丈夫，另一个英国经济学家罗宾逊相混淆。

代资产阶级经济学中产生了很大影响。西方一些经济学者认为，该书所建立的理论体系试图恢复自亚当·斯密至李嘉图的古典经济学传统，是古典经济学的复兴；该书为新剑桥学派否定新古典综合派的边际生产力论提供了有力的论据，为新剑桥学派建立分配理论提供了基础。因此，斯拉法的这本著作，极为新剑桥学派所推崇。

以琼·罗宾逊、卡尔多、斯拉法为代表的新剑桥学派的理论特点是，使凯恩斯经济学说同新古典经济学进一步决裂，坚决反对萨缪尔森的新古典综合理论，这主要表现在：

第一，主张恢复凯恩斯理论的本来面目，恢复凯恩斯本人所采用的历史分析方法。罗宾逊指出：凯恩斯在《就业、利息和货币通论》中的主要方法是历史分析方法，"凯恩斯革命"的本质是以"历史概念"代替"均衡概念"，然而萨缪尔森却用"均衡概念"来解释现实世界，把微观经济学同宏观经济学综合在一起，二者都以均衡分析为理论基础，这违背了凯恩斯的本意。罗宾逊坚决信奉"历史观"，摒弃"均衡观"，认为以均衡观为中心思想的马歇尔微观经济分析，同以"历史观"为中心思想的凯恩斯宏观经济分析是互不相容的。她坚决反对把它们综合在一起，反对把供求均衡说成是资本主义可以达到的正常状态，而力图从时间变化去分析某些资本主义经济问题。

第二，极力反对美国剑桥学派的资本、生产和分配理论，对"边际生产力论"进行了尖锐的批判。因此，还反对回到自由竞争会"趋向于使劳动者获其劳动所创造的一切，使资本家获其资本所创造的一切，使企业家获其协调职能所创造的一切"的旧理论中去。罗宾逊指责这种旧理论为收入分配不均的现状辩护，认为必须抛弃以边际产品学说、收益递减规律为基础的价格理论和分配理论。他还指出，如果摒弃均衡观和边际生产力论，采用历史分析方法，那么制度因素的作用是重要的。例如，关于收入分配问题，应当强调制度因素对工资和利润之间分配格局的影响，而不能像美国剑桥学派那样，单纯从生产要素投入量的变化和边际生产率来解释收入分配。

第三，认为资本主义社会的症结在于收入分配失调，而这种失调不可能通过现存条件下的经济增长来解决，相反，经济增长还会加剧这种失调。罗宾逊主张把经济增长理论同收入分配理论融为一体，着重考察经济增长过程中工资和利润在国民收入中相对份额的变化，回到古典学派，特别是李嘉图政治经济学的主题——国民收入在各社会阶级之间的分配上来。她批评后凯恩斯主流经济学在分析经济增长时撇开收入分配问题不谈，以及它关于按照边际生产率分配收入是合理的观点。在新剑桥学派的理论中，增长和分配问题占中心地位。在罗宾逊看来，国民收入在工资和利润之间的分配，同经济活动水平(增长速度)以及影响经济活动的各种因素有关。而且国民收入的分配，本身就是经济发展活动的一个动态因素。她论证了利润在国民收入中的份额随着投资率的增长而增长，而随着经济的增长，收入分配将会变得更加有利于利润的收入者(资本家)，而不利于工资收入者，认为这种分配不均，已经成为经济增长的极大障碍。因此，她主张收入均等化，支持能够保障正常劳动条件和工资的某些措施。在这个问题上，她接触到了阶级分析(尽管很不深刻)，接受了马克思的某些论点，并提出了向马克思学习的呼吁。正因为如此，她赢得了"左派"凯恩斯主义者的称号。

第四，提出了经济增长的目的问题。新剑桥学派提出：增长究竟是为了什么？它认为后凯恩斯主流经济学回避了这一实质性问题，从而导致"为增长而增长"、"增长就是一切"。罗宾逊写道：增长本身不是目的，如果说增长是为了解决消费问题，那就应当问问究竟由谁来消费？消费的是什么产品？如果增长是按照大公司的决策进行的，那么这种增长将不会保证资源的合理配置和满足公众的需要。她谴责大公司为了追逐利润而继续把地球啃光，忽视人类的需要，滥用生产资源。她批评后凯恩斯主流经济学派萨缪尔森等人回复到自由放任，把凡属有利可图的事情都看作是对的；指责他们容许垄断企业把地球啃光，使资源枯竭，环境污染，经济畸形发展。她还指出，在第三世界里，"不平等日益扩大"，"贫困大为加深"；在富裕国家里，仍然还有贫民窟，虽然财富增长了，但绝对贫困却增加了"。她反对这种无计划增长的无政府状态，主张进一步完善资本主义经济调节机制。

第五. 基本的政策建议是实行收入再分配，缩小社会的贫富差距。新剑桥学派既然认为资本主义社会的症结在于收入分配失调，所以也就把收入再分配政策看成是医治这一病症的主要手段。这派提出的收入再分配政策包括下列具体措施：征收高额所得税、遗产税，给予低收入家庭以救济，发展公共服务部门，等等。新剑桥学派还建议削减庞大的政府开支，特别是军费开支，实行严格的进口管制，扶植出口事业。他们坚决反对后凯恩斯主流经济学派所奉行的赤字财政、通货膨胀、工资与物价管制政策；批评萨缪尔森等人主张扩大政府开支，为军备生产大开方便之门，帮助冷战的继续，推动世界各地热战的进行。在新剑桥学派看来，当前资本主义国家的"停滞—膨胀"和其他严重问题，在很大程度上应归咎于实行了"冒牌凯恩斯主义"的政策。

新剑桥学派对萨缪尔森等人某些错误的非难颇有道理；对资本主义某些弊端的揭露可谓切中时弊；对资本积累、经济增长和收入分配的分析，对工人改善生活要求的合理性所作的论证，对边际生产力论的抨击，都是比较激进的。在当代资产阶级庸俗经济学界普遍否定或者"遗忘"古典学派的情况下，强调经济理论应当回到古典政治经济学的传统，也具有一定的积极意义。所有这些，我们在进行经济研究时是可以参考的。

但是，新剑桥学派并没有超出资产阶级经济学的界限，它是竭力为资本主义效劳的。因此，它的基本理论观点也不可能是科学的。首先，琼·罗宾逊的"历史观"是庸俗的。它只对投资市场风云变幻的现象形态作了刻画和描绘，是企业家投资决策的一种概括，丝毫没有触及资本主义生产关系下投资的规律及其实质。她同一切资产阶级经济学家一样，主要的错误是把资本主义制度看成永恒的和自然的，不是从历史唯物主义出发，根据资本主义各种经济现象产生的具体历史条件，对资本主义及其现象的发生、发展和灭亡的过程进行研究。其次，罗宾逊关于收入均等化的主张，是不可能实现的幻想。马克思早已指出，"分配的结构完全决定于生产的结构"，"那些把生产当做永恒真理来论述而把历史限制在分配范围之内的经济学家是多么荒诞无稽。"①要真正改善收入分配，就必须消灭资本主义剥削制度，建立社会主义社会；单从分配方面提出"均等化"的要求，最多只能作些改良而已。最后，罗宾逊提出的生产资源合理配置问题以及克服资本主义弊端的主张，都是不可能实现的。大家知道，在资本主义条件下，社会矛盾是无法克服，各种弊端是不可避免的，特别是失业人口的存在，不仅是资本主义生产方式的必然产物，而且也是资本主义生产方式存在和发展的条件；所谓"充分就业"，在资本主义下是根本不可能实现的。垄断资本主义私人占有制、竞争和无政府状态、经济危机，尤其是经常存在的大量失业和企业开工不足，必然造成自然资源、劳动资源和生产能力的巨大浪费。要达到生产资源的合理配置，就必须消灭资本主义制度。

---

① 《马克思恩格斯选集》第 2 卷，第 98、99 页。

三、瑞 典 学 派

(一)瑞典学派的理论渊源和形成的历史条件

1. 理论渊源

瑞典是北欧的一个小国，面积仅 44 万多平方公里，人口只有830 万(1979 年底估计数)。但瑞典资产阶级经济学对现代西方资产阶级经济学有一定影响，并企图同凯恩斯学派比高低。

瑞典学派又叫北欧学派或斯德哥尔摩学派。这一学派除了许多瑞典经济学家，还有一些挪威著名经济学家，如诺贝尔经济学奖获得者弗里希。瑞典和挪威都属于北欧，而且这一学派的影响也主要在北欧，因此被称为北欧学派。还因为这一学派最著名的代表人物都是瑞典首都斯德哥尔摩大学教授，因此又称为斯德哥尔摩学派。

瑞典学派是在二十世纪二十至三十年代形成的，但其理论渊源可以追溯到十九世纪末二十世纪初威克塞尔等人的经济理论。威克塞尔被看成是瑞典学派最有影响的先驱者或奠基人。

威克塞尔(1851—1926 年)青年时代在瑞典乌普萨拉大学(建于1477 年)学习数学，后转攻经济学。1885—1890 年，留学英、法、德、奥等国。1895 年任乌普萨拉大学讲师，1900 年转入隆德大学，1904 年升任该校教授。他的著作《利息与价格》(1898 年)、《国民经济学讲义》(两卷，1901 年和 1906 年)对瑞典学派的形成有很大的影响。威克塞尔从奥国学派庞巴维克那里学到了边际效用价值理论，从瓦尔拉那里承袭了一般均衡理论。他对利息、货币、价格、经济周期等问题的分析，就是从边际效用和一般均衡理论出发的。可见，瑞典学派在经济理论渊源方面，和奥国学派的理论有者密切的联系。

威克塞尔早在十九世纪末二十世纪初就已强调国家调节经济，对当时资产阶级著作中普遍承认的萨伊定律表示了怀疑，他提出了社会供应可能超过社会需求、投资总额与储蓄总额可能不相适应的论点，承认危机不可能克服，甚至会尖锐起来。瑞典经济学家特别热心吹捧威克塞尔，认为他的某些论点比凯恩斯提得还早，并强调他比凯恩斯有某些优越性。但是，威克塞尔的著作主要是用瑞典文和德文发表的，凯恩斯对他的著作并不熟悉，凯恩斯虽然在利息理论和货币理论方面受到威克塞尔的一些影响，但他们二人的理论有很大不同，是彼此独立地提出来的。

威克塞尔理论的中心是所谓累积过程理论，也就是他的货币价格理论，或经济周期理论。

这一理论的实质是：把利息率区分为自然利息率(即正常利息率)和货币利息率(即市场利息率)。威克塞尔所理解的自然利息率实际上是指利润率而言，从庸俗理论的观点来看，就是指资本的边际生产率或资本的边际利润率；他所理解的货币利息率是指金融市场上的实际利息率。在威克塞尔看来，商品价格的上涨和下跌，经济活动的扩大和收缩，均决定于这两种利息率之间的关系和差额的大小：(1)若两种利息率的差额等于零，即自然利息率等于市场利息率，则投资和储蓄相等，物价和生产稳定不变，整个经济处于均衡状态；这是因为投资的边际利润率恰好等于借款所付的利息率，增加投资无利可图，而减少投资又会减少利润，所以投资既不增加也不减少，物价与经济处于均衡状态。(2)若自然利息率大于市场利息率，则这时增加投资有利可图，因为付了借款利息以后还可得到利润，所以会增加投资，因而社会收入增加，物价上涨，经济处于扩张状态，这种扩张带有累积的性质，一直扩张到劳力和原料的需求使工资和原料价格日趋上涨，生产成本逐渐增加，资本的边际利润率逐渐与市场利息率相等，经济恢复均衡状态为止。(3)若自然利息率小于市场利息率，这时资本的边际利润为负，就是说，不仅得不到利润，反而会亏本，因而投资减少，收入下降，物价下跌，工资和原料价格不断下降，一直达到下降后的生产成本能使自然利息率与市场利息率相等，于是经济又回复到均衡状态。这同上面的向上累积过程相反，是向下的累积过程。

威克塞尔根据上述理论，主张国家通过银行控制利息率，以维持经济的稳定。威克塞尔关于利息率的变化决定投资和固定资本更新，并在资本主义周期运动中起决定性作用的论点，是完全错误的。大家知道，固定资本自发的和大量的更新，是再生产周期和生产过剩经济危机周期性的物质基础。正是这种更新，使资本主义经济从危机和萧条中走出来，并依次经过再生产周期的复苏和高涨阶段，然后又开始新的危机。但是，固定资本周期性的再生产不是危机的原因，它也像经济危机本身一样，是资本主义基本矛盾作用的结果。

2. 形成的历史条件

威克塞尔的理论在西方经济学说史上有重要的意义，但它不过是二十至三十年代瑞典学派形成时的理论出发点。瑞典学派是在资本主义发展到帝国主义阶段，经济危机和失业日益严重，十九世纪庸俗经济学以充分就业为前提的静态均衡理论体系明显地和现实相矛盾而破产，国家垄断资本主义开始发展的条件下形成的。二十年代和三十年代大规模失业的增长，对资产阶级政治经济学中瑞典学派的形成有若巨大的影响。失业的增长，在资产阶级和自 1917 年起加入政府的社会民主党中引起了严重不安。1927 年，瑞典政府成立失业委员会，参加该委员会工作的有许多著名的资产阶级经济学家。在研究实际的政策建议的过程中，该委员会拟定了成为瑞典学派基本立场的某些理论观点，如主张通过政府干预经济以消除失业，提出以宏观货币政策为主，宏观财政政策、商业政策、工资政策为辅的消除失业问题的政策建议。1929—1933 年的世界经济危机，对瑞典学派的形成起了巨大的作用，因为同其他资本主义国家一样，这次危机也在瑞典经济中引起了深刻的震荡，在瑞典资产阶级经济学家中引起了寻找反危机的理论与政策的迫切要求。

瑞典学派就是在这样的历史条件下形成的，而且随着国家垄断资本主义的发展和资本主义基本矛盾的加深，这一学派的理论在不断地变化和发展。

3. 主要代表人物

瑞典学派有不少在资产阶级经济学界知名的经济学家，主要代表人物是缪尔达尔、林达尔、伦德堡、俄林和林德伯克等人。

缪尔达尔（1898— ）于 1923 年毕业于斯德哥尔摩大学，1934 年起任该校教授。1945 年被选为瑞典皇家科学院院士。他担任过瑞典参议院议员，战后瑞典经济计划委员会主席以及瑞典商务大臣，参与制定瑞典四十年代的经济政策。他还担任过联合国欧洲经济委员会执行秘书长。1974 年获诺贝尔经济学奖。缪尔达尔达被认为是新制度学派的重要代表人物。他的主要著作有《价格形成问题与变动因素》（1927 年）、《货币均衡论》（1931 年）、《反潮流，经济学批判论文集》（1973 年）等。

林达尔（1891—1960 年）从 1932 年起先后担任哥德堡高等商业学校、隆德大学和乌普萨拉大学教授。1935—1943 年期间任财政部顾问。曾任国际经济学家协会主席。林达尔写了一系列关于经济动态、行情和周期、国民收入、货币、信贷和税收政策的著作，最重要的是《货币政策的目的与方法》（1929—1930 年）、《货币和资本理论的研究》（1939 年）。他在动态理论中特别注意企业家对未来事件的预期，并把这些预期包括在经济增长模型之中。他认为政府的经济政策的目的，是达到充分就业和使国民收入增长。

俄林（1899— ）毕业于瑞典隆德大学，1924 年获斯德哥尔摩大学博士学位，1924—1929 年任丹麦哥本哈根大学教授，1929—1965 年任斯德哥尔摩大学教授。俄林是瑞典皇家科学院院士，于 1977 年获诺贝尔经济学奖。1944—1967 年为瑞典自由党领袖，1944—1945 年任瑞典商务大臣。1949—1960 年和 1969—1970 年任瑞典驻欧洲委

员会的代表，1955—1970 年为北欧理事会代表。俄林的主要著作有
《区际和国际贸易》(1933 年)、《关于储蓄和投资的斯德哥尔摩理论》
(1937 年)、《就业稳定问题》(1949 年)。俄林同意凯恩斯的基本理论
原理，主张把经济过程划分为过去时期和将来时期以完善凯恩斯主
义，主张把竞争、垄断和国家调节结合起来，为私人企业和垄断组织
的活动创造有利条件。

隆德堡(1907—)从 1946 年起担任斯德哥尔摩大学教授。
1944—1945 年期间任行情研究所所长。1955 年起又任斯堪的纳维亚
银行专员，1939—1956 年为《经济学杂志》主编，1962 年任国际经济
学家协会副主席。隆德堡在研究经济增长过程时，得出了危机条件累
积的不可避免性的正确结论，但把原因仅仅看作是消费品和生产资料
需求不足。他十分注意经济行情和经济政策的相互关系，在经济政策
方面特别强调信贷货币政策。他的主要著作是《经济扩展理论的研
究》(1937 年)。

林德伯克(1930—)早年留学美国，曾在斯德哥尔摩经济学院、
哥伦比亚大学和加利福尼亚大学任教，曾任澳大利亚国立大学客座研
究员，曾在许多政府委员会中任职。现任斯德哥尔摩大学国际经济学
教授，国际经济研究所所长。他是瑞典学派的新一代代表人物，最值
得引人注意。萨缪尔森把瑞典经济学家分为三代：林德伯克的"祖
先"是第一次世界大战期间的卡塞尔，特别是威克塞尔；林德伯克的
直接老师是老一辈享有声誉的缪尔达尔、俄林、林达尔、伦德堡等
人；林德伯克则代表着瑞典经济学的青年一代，即第三代①。林德伯
克的主要著作有：《货币—财政分析与一般均衡》(1967 年)、《新
左派政治经济学：一个局外人的看法》(1971 年)、《瑞典经济政
策》(1975 年)。这些著作既保持了瑞典学派的传统，又加强了瑞典
学派理论中的社会民主党色彩，因而引起资产阶级经济学家的特别

---

① 参阅《新左派政治经济学：一个局外人的看法》，商务印书馆，1980 年，
第6—7 页(萨缪尔森为该书写的序言)。

注意。

（二）瑞典学派的方法和理论

在前面已经说过，十九世纪末二十世纪初威克塞尔等人奠定了瑞典学派的基础，二十世纪二十至三十年代，特别是在 1929—1933 年大危机期间，形成了瑞典学派。它与凯恩斯几乎同时，甚至更早一些提出了资本主义国家干预经济可以"医治"经济危机的政策主张。当前瑞典学派所坚持的方法和理论，就是在大危机以后，特别是第二次世界大战以来逐步演变和发展起来的。主要的方法和理论有以下几方面：

1. 宏观动态均衡分析方法

缪尔达尔、林达尔在威克塞尔一般均衡分析方法的基础上，提出了预期和计划、时点和期间分析、事前（ex-ante）和事后（ex-post）分析、均衡和不均衡分析等一系列概念，建立起完整而系统的宏观动态均衡分析方法。这种分析方法是从整个国民经济的角度，考察生产、消费、储蓄、投资、利息率这样一些社会经济总量及其相互关系，而不是单个企业、行业或地区的经济个量。这种分析方法是动态的，因为它是从时间序列上，对社会经济总量作时点分析和期间分析、事前分析和事后分析，并且特别重视预期和计划在经济活动中的作用。这种分析方法是均衡的，因为它虽然把不均衡当作经济发展的常态，但它同时认为，经济发展的动态过程是一系列均衡状态的统一，是不断地从一个均衡向另一个均衡的发展。

瑞典学派把时点和时期分开，同时又区分事前和事后分析，这就使他们的分析方法具有自己的特色。在瑞典学派看来，在任何一定时点上的均衡是暂时的、静止的均衡。从这一时点到另一时点的时期内，情况处于不断变动之中。这就是说，一定时点上的均衡将不断被打破，而又在另一时点上重新建立起均衡。可见，瑞典学派虽然采取一般均衡的分析方法，但它的特点是把传统的一般静态均衡发展为一般动态均衡，亦即把一定时点的均衡分析发展为对均衡的移动过程的分析。瑞典学派还认为，对经济概念(如收益率、储蓄、投资等)的分析，都有事前与事后之分。事前估计是指分析期间开始时预计的数值。事后计算是指分析期间结束时已实现的数值，它记录那些在一个时期内已实际发生的情况。在瑞典学派看来，采用事前与事后分析有助于弄清各经济范畴(如储蓄与投资)之间的关系。瑞典学派的这些论点，已被当代资产阶级经济学家所广泛采用。

瑞典学派和凯恩斯的方法是有区别的。瑞典学派的基本方法是动态过程分析方法，注意时间因素。而凯恩斯虽然包考虑到现实经济生活的特点—昨天与明天的区别，强调对未来的预期及其不确定性，但凯恩斯在《就业、利息和货币通论》中的基本方法是短期的、比较静态的分析方法。

2. 经济周期理论

从威克塞尔到现代瑞典学派，经济周期都是他们研究的中心课题。前面已经说过，威克塞尔用累积过程理论或货币价格理论来解释经济周期现象，这对瑞典学派有着重要的影响。但由于瑞典是一个开放式经济的、高度工业化的小国，对外贸易在国民经济中占有十分重要的地位，一半的工业产品用于出口，国际市场上的经济变化，对瑞典经济波动有着决定性的影响。因此，瑞典经济学家根据这种情况，在累积过程理论的基础上，又提出了具有自己特点的小国开放经济周期理论。

在瑞典学派看来，瑞典经济周期的上升阶段通常开始于出口增加的时期。当国际市场景气，对商品的需求增加时，瑞典的出口就增加。随着出口的增加，生产扩大，利润上升，工资也因对劳动需求的增加而提高，因而社会收入增加，商品需求扩大。国内商品一时不能满足扩大了的国内需求，于是增加进口。在繁荣阶段的后一时期，进口的增加往往超过出口的增加，因而国际贸易出现逆差。但到了繁荣阶段的高峰时期，由于国际市场对瑞典出口产品的需求降低，出口就开始缩减，国内生产增长速度放慢，国内投资减少，利润和工资下降，社会需求缩小，因而进口减少，国际收支得到改善，价格水平也因需求减少而下落，于是萧条阶段开始，直到国际市场上出现新的景气，对瑞典出口商品的需求增加，才又开始另一个新的周期。瑞典学派认为，近百年来瑞典经济周期的形态和时间长度与大多数工业国家相类似，其特点是波动幅度较小，国民生产总值的增长比较平稳。他们认为，这主要是由于实行了他们提出的反周期政策。正如凯恩斯主义一样，他们也强调旨在缓和周期性波动和削弱危机破坏性的各种措施的重要性。但是，瑞典经济情况并不如瑞典学派所说的那样平稳和美好，最近几次世界性的经济危机使瑞典经济遭受了沉重的打击，他们的反周期政策已经失败。

3. 结构性通货膨胀理论和失业理论

大家知道，瑞典是一个工业发达，但在很大程度上依赖世界市场的小国。瑞典学派从这一经济特征出发，用开放经济与非开放经济的部门结构来解释通货膨胀的原因，说明通货膨胀与失业同时并存的局面。

这种利用世界通货膨胀和部门结构来说明通货膨胀现象的理论，称为部门结构式通货膨胀理论，又称斯堪的纳维亚模型或北欧模型。按照这一理论，小国被假定为世界市场价格的接受者，小国开放经济部门的通货膨胀率直接受世界通货膨胀的影响。在通货膨胀的影响下，小国开放经济部门的货币工资又促使国内非开放经济部门的货币工资向它看齐，其货币工资亦随之提高。在充分就业条件下，这是防止该部门劳动力外流所必不可少的。然后，非开放经济部门的企业主根据本部门工资增长的幅度和劳动生产率增长的情况，决定本部门的价格上涨率。在瑞典学派看来，开放经济中的小国通货膨胀，是由世界通货膨胀率与本国两大部门(开放经济部门和非开放经济部门)劳动生产率情况等因素决定的。

瑞典学派同样用部门结构方面的原因来解释失业的增长。他们认为，瑞典劳工市场的特点在于：瑞典的工资水平已经大大高于西欧的平均工资水平，瑞典的工会力量很强大，对美国说来算是较低的失业率(比如3%)，在瑞典已显得很高。但是，他们不得不承认瑞典仍然存在失业，并且是不容忽视的。他们认为，瑞典存在失业的原因是：(1)由于技术迅速发展，各个部门、行业和地区发展很不平衡，某些部门、行业和地区陷入萧条，而另外一些部门、行业和地区则迅速兴起或处于繁荣时期，劳动力供给不能适应这种复杂情况，从而在某些部门、行业和地区出现失业；(2)外籍移民工人不断流入瑞典，他们迅速补充职位的空缺，增加了劳动力的供给；(3)技术变革速度较快，劳动力结构不能与之相适应，不能合理利用人力资源；(4)瑞典工资水平比西欧平均工资水平高得多，增加了开放经济部门的产品成本，使瑞典商品在世界市场上的竞争越来越困难，减慢了经济发展速度，因而增加了扩大就业的困难。

瑞典学派结合到瑞典的经济特征来解释他们国家的通货膨胀和失业，这种方法是可取的，而且也说明了某些具体现象。但是，他们同其他资产阶级经济学家一样，根本的错误在于撇开了资本主义生产关系和资本主义基本矛盾来解释通货膨胀和失业问题，这就不能不使他们的理论成为替资本主义辩护的理论。

4. 国际分工和国际贸易理论

俄林在《区际和国际贸易》一书中，论述了国际贸易一般均衡理论，对瑞典经济学家赫克雪尔(1879—1953年)于1919年提出的一个论点作了进一步的阐述。俄林在一系列假定下推导出这样一个命题：两个国家之间的贸易，依存于各国拥有的生产资源(如资本和劳动)的相对丰富程度，即一个国家向另一个国家出口的商品，应是更多地使用自己相对丰富的那种资源所生产出来的商品。这就是瑞典学派所提出的"禀赋资源学说"，或称为"赫克雪尔—俄林"理论模式。

瑞典学派是这样来说明他们上述命题的：各国生产同样产品，其价格绝对差是国际贸易的直接基础；当两国某种商品的价格差别，大于输出这种商品的运输费用时，价格较低的国家输出这种商品是有利的。假如一国生产同样的货物比别国要付出更高的代价，就不如从国外购买。

而价格的绝对差，又来自成本的国际绝对差。假定美国和英国两种商品的成本比例是：

	美国	英国
小麦(单位成本)	1	3
纺织品(单位成本)	2	1

小麦和纺织品的成本比例，在美国是 1：2，在英国是 3：1。如果美国输出小麦，输入纺织品；而英国出口纺织品，进口小麦，这对两国都是有利的。

但是，各国不同的成本比例，又是由各国不同生产要素(如土地、劳动、资本和管理等要素)组合而成的。有的国家资本财货贵，多用资本，生产成本就高；有的国家劳动力贵，多用劳动力，生产成本就高。不同的生产要素的价格比例，就产生不同的成本比例。当两国的生产要素价格比例不同时，两国都应当各自多使用那些数量多、价格便宜的生产要素，少使用那些数量少、价格昂贵的生产要素，才能各自获得利益。

瑞典学派认为，在国际分工和自由贸易的条件下，各种生产要素能得到更充分有效的利用，比在闭关自守的情况下能生产更多的社会产品。在俄林看来，如果全世界成为一个国家，就会更有效地使用全部生产要素；如果世界各国闭关自守，各种生产要素的使用将是最无效率的。俄林认为，只有当各种生产要素能在各国或各区域间自由移转时，才能使各种生产要素发挥最充分、最有效的作用。

瑞典学派提出的"禀赋资源"学说，被认为是现代资产阶级国际贸易学说中的一个重要理论，是对李嘉图"比较成本"学说的进一步发展。大家知道，在李嘉图看来，如果两国生产力水平不相等，甲国生产任何一种商品的成本都低于乙国，处于绝对优势，而乙国处于绝对劣势。虽然如此，但两国的某些商品仍可进行交换，并对双方有利。这是因为两国劳动生产率的差距不是在任何商品上都是一样的，处于绝对优势的甲国，不必生产所有商品，而只应生产优势最大的商品。反之，处于绝对劣势的乙国，也不必停止生产所有产品，而只应停止生产劣势最大的商品。甲、乙两国各自生产"比较成本"相对有利的商品，通过国际间的自由贸易，彼此都节省劳动，得到好处。李嘉图的"比较成本"学说，完全掩盖了资本主义世界的国际贸易中宗主国对殖民地、强国对弱国进行剥削和掠夺的事实，反映了当时英国资产阶级向外扩张和建立世界霸权的愿望。但它的优点是坚持了劳动价值论，宣传自由贸易的优越性，在当时起了反对封建主义的积极作用。瑞典学派的"禀赋资源"学说和李嘉图的"比较成本"学说，在本质上没有多少不同，只不过用生产要素的丰富和稀缺来代替生产力水平的优劣罢了。而且更加反动了，它以庸俗的生产要素论、边际效用论和生产率递减规律为基础，替垄断资产阶级掠夺第三世界的自然资源和人力资源、榨取最大限度的垄断利润辩护。因此，把"比较成本"学说和"禀赋资源"学说当作第三世界各国，特别是我国对外贸易的指导思想，是完全错误的。但应当指出，这两种学说不仅对发达资本主义国家是很有利的，而且对发展中国家来说，如果能批判和克服其反动倾向和坚持独立自主的原则，那么，在合理安排本国内部生产和进行对外贸易时，也不无参考价值。

5. "自由社会民主主义"经济制度理论

在瑞典，早在1917年，改良主义的社会民主党就已参加资产阶级政府。在1930年代大危机时期（1932年底），成立了汉逊的社会民主党政府。自此以后，社会民主党人单独或联合执政连续达四十四年之久。因此，从三十年代起，瑞典资产阶级经济学家的理论和政策建议，就已带有社会民主党色彩，他们一直在探讨所谓从资本主义"和平过渡"到社会主义的理论问题。但是，鼓吹"自由社会民主主义"经济制度理论的主要代表，是瑞典学派最新一代的林德伯克。

林德伯克认为，瑞典战后的经济制度，既不属于传统的资本主义制度，也不属于社会主义制度，而是一种特殊的经济制度——"自由社会民主主义经济制度"。这一制度的主要内容是：在政治上保留西方的"民主制度"(即资产阶级专政),在经济上实行"国有化"、"福利国家"、"市场经济"三者相结合的制度。

(1)国有化。瑞典学派并不主张一切基本生产资料都实行国有化。例如,林德伯克认为,全盘公有制不能解决资本主义的许多弊病,反而形成新的矛盾:经济缺乏刺激,产生官僚主义。因此,他主张在私有制占统治地位的基础上,实行部分企业国有化。林德伯克不同意新自由主义关于反对国家干预和否定国有化的理论,不同意新自由主义者哈耶克关于国有化必然导致独裁的观点。林德伯克认为,从历史上看,除了苏联的国有化和独裁是同时出现的外,所有共产主义国家和实行国有化的非共产主义国家,都是先有独裁再有国有化,不能说国有化是因,独裁是果。而且迄今为止,还没有一个国家的经济证明国有化产生独裁。林德伯克对哈耶克的批评是有一定道理的,但他实质上仍然是私有制的维护者,因为他一方面极尽污蔑公有制和社会主义,另一方面又百般赞美私有制和资本主义。他虽然主张一些部门的国有化,但它是由资产阶级国家在私有制占统治地位的情况下实行的,不会改变资本主义制度的性质,正如恩格斯早已指出的:"现代国家,不管它的形式如何,本质上都是资本主义的机器,资本家的国家,理想的总资本家。它越是把更多的生产力据为己有,就越是成为真正的总资本家,越是剥削更多的公民。工人仍然是雇佣劳动者,无产者。资本关系并没有被消灭,反而被推到了顶点。"①

(2)福利国家。这主要是指收入再分配政策,提供公共服务,政府稳定经济。早在威克塞尔的著作中就已提出收入再分配的主张。他同庇古一样,也从边际效用递减规律出发,来论证收入再分配。庇古认为,实际收入的边际效用是递减的,收入大则边际效用小,收入小则边际效用大。同样一英镑,富人和穷人的评价各不相同,穷人一英镑的效用比富人一英镑的效用大。所以当一英镑由富人转给穷人时,社会福利增加了,因为穷人的利得大于富人的损失。庇古从收入的边际效用递减原理,得出了国民收入平均分配的结论。威克塞尔也同样

---

① 《马克思恩格斯选集》第3卷,第318页。

认为，应当由社会规定适当价格和最低工资，以提高穷人和富人的交换能力，从而增加社会总效用。他写道："如果我们假定富人进行其消费直到边际效用即最后一单位的效用对他说来是小的或等于零为止，而另一方面，穷人必须在几乎一切商品对他说来还有高的边际效用时，中止这些商品的消费，那么不难想象……与一切都让自由竞争任意起作用时相比，一个富人同一个穷人之间的交换，如果按社会规定的适当的价格进行，那就可能导致对双方都要大得多的效用——从而对整个社会有大得多的总效用。"①威克塞尔的这一观点，被瑞典经济学家所继承和进一步发挥。瑞典学派强调收入和财富分配均等化，主张用累进税率来解决分配问题。他们认为，一个理想的社会应当把福利普遍给予社会的成员，使人人得到幸福。为此，国家应当担负起环境保护、公共商品的供应、经济稳定、收入和财富的分配等方面的责任。

（3）市场经济。瑞典学派同凯恩斯学派一样，否认资本主义自动调节机制可以恢复被破坏的均衡，强调反周期措施的特殊作用。人们把瑞典学派和凯恩斯学派都归于国家干预经济这一派，不是没有道理的。但和凯恩斯学派不同，瑞典学派重视市场经济的作用，主张企业分权，改进竞争，反对垄断，把市场经济看成是增进效率，加强企业经营管理独立性，防止官僚主义化的手段。林德伯克写道："同市场和官僚主义之间的选择问题有关的……问题是分散和集中之间的选择问题。这两个问题之间的明显联系当然是由于市场制度是同比较广泛的分散相一致的，而在非市场制度中各种决定必须由某个中央权威机构来协调。事实上，市场经济大体上可以看作是达到经济制度的分散并同时使各种经济决定互相协调的一种方法。因此，我们愈是喜欢分散，我们就愈是应该赞成市场制度。"②在瑞典学派看来，市场竞争是经济发展的强大杠杆，在一个缺乏竞争的社会里，在经济上必然是效率低下，产品短缺，质量粗劣，在社会的其他方面也不可避免地弊病

---

① 《演讲集》第 1 卷，1934 年，伦敦，第 77 页。

② 《新左派政治经济学》，第 60 页。

丛生。

由此可见，瑞典学派鼓吹的"国有化"、"福利国家"、"市场经济"三者结合的"自由社会民主主义"经济制度，同现代凯恩斯主义中新古典综合派萨缪尔森等人宣扬的"混合经济"，是异曲同工的，实质上都是现代国家垄断资本主义。瑞典学派鼓吹"自由社会民主主义"理论的真实意图，在于维护国家垄断资本主义，反对无产阶级革命和无产阶级专政。林德伯克写道："内战不如国与国之间的战争那样残酷的例证看来并不多。那些怀疑内战有这种有利条件的人——我对他们深表同情——也能指出这种风险，即通过残酷的竞争选择政治领导人也许并不是很'好'的。作为这种选择过程的结果而出现的领导者，岂不是往往既是极权主义者又是残酷的人吗？革命事实上只意味着由一个压迫者代替另一个压迫者这样一种可能性，并不缺乏历史的例证。①"林德伯克竭力宣扬社会民主党的"和平过渡"理论，把被压迫、被剥削阶级(无产阶级)推翻压迫、剥削阶级(资产阶级)，社会主义代替资本主义的伟大革命，歪曲为"选择政治领导人"。这是十分反动的，应当加以揭露和批判。

(三)瑞典学派的政策主张

瑞典学派根据他们的基本理论和瑞典的具体特点，提出了当前的经济政策主张。林德伯克对瑞典的经济政策作了理论性的说明和具体的分析。他把瑞典经济分为开放经济部门(其价格取决于世界市场)和非开放经济部门(其价格不由世界市场决定)，从小国开放经济模型出发，来制定和说明瑞典的经济政策。瑞典学派提出的基本政策主张是：

1. 信贷货币政策

在瑞典学派的反危机措施中，信贷货币政策占中心地位。根据威

① 《新左派政治经济学》，第101页。

克塞尔用利息率的波动来说明从资本主义周期的一个阶段过渡到另一个阶段的理论，瑞典学派把反危机政策的重点转到中央银行调节利息率，使总投资与总储蓄相等。在瑞典学派看来，经济增长决定于低利息率，而低利息率又取决于信贷资本的供给。凯恩斯学派强调，储蓄倾向加强，将会缩减消费总量（包括私人消费和国家开支），使投资减少，从而有爆发危机的危险。瑞典学派则认为，储蓄倾向加强，会使利息率降低，从而刺激投资扩大。在他们看来，政府的预算政策（特别是其中的税收调节——危机阶段降低税收，高涨阶段提高税收），以及在危机时期大大增加政府开支（公共工程等），应当只是在降低利息率收效甚微时，才可以作为信贷货币政策的补充。

2. 指数化政策

瑞典学派既然认为通货膨胀是结构性的，并决定于一些外部因素，因此必然认为，采取抑制总需求或限制货币供应量的办法，都很难对付通货膨胀。隆德堡认为，比较可行的一个办法，是实行全盘指数化政策，使收入、借贷、税收等一律与价格指数相适应，以消除通货膨胀对经济发展、收入分配和资源配置的影响，即学会"同通货膨胀共处"。

3. 人力政策

瑞典学派认为瑞典工会强大，工资水平较高，失业率较低，凯恩斯主义通过提高总需求来扩大就业的政策和限制工资增长率的政策不适合瑞典的情况，因此他们认为，充分就业的关键在于人力资源的合理利用，而人力资源的合理利用，主要在于劳动力的再训练和地区、部门之间劳动力的再配置，克服地区和部门间就业的不平衡状态。因为只有提高劳动力的熟练程度和技术水平，才能克服瑞典工资水平较高、出口竞争能力不强的弱点，只有增加职业的流动性，使劳动力结构适应于地区结构、部门结构的变动，才能把失业率降低到强大的工会所能接受的水平。

4. 福利政策

在社会民主党长期执政期间，根据瑞典学派的社会民主主义理论，在瑞典搞了一套名目繁多的社会福利制度，其中包括全民养老金、中小学义务教育、失业救济、疾病保险、儿童补贴等，成为所谓从"摇篮"到"坟墓"的"福利国家"。

瑞典学派针对本国的具体情况制定的理论和提出的政策主张，取得了一定效果，实现了资产阶级心目中的"充分就业"，经济稳定增长，国际收支平衡，公共福利事业迅速发展。但是，由于他们是处在腐朽的垂死的帝国主义时代，所维护的是必然灭亡的资本主义制度，因此，尽管他们费尽心机，替瑞典垄断资产阶级出谋划策，提出了各种比较符合瑞典情况的药方，但终究不能使瑞典资本主义社会长治久安。在1974—1975年世界资本主义经济危机的冲击下，瑞典钢铁、矿业、造纸、汽车、纺织等部门出现衰退，失业增加，财政入不敷出，通货膨胀，物价上涨，国际收支逆差大幅度增加，1975年和1976年国内生产总值只增长0.8%和1.3%。在经济陷入困境的境况下，社会民主党政府于1976年大选中垮台。新的联合政府对社会民主党政府的社会改良政策作了一些修补，但并没有什么转机，经济进一步恶化。于是社会民主党于1982年10月重新上台，实行了一系列反危机措施，主要有：货币贬值；扩大工业投资和公共事业投资；增加科研和教育经费；加强职业教育和劳动市场专业训练；提高商品增殖税；减少国家对私营企业的补贴；限制私人消费；压低职工工资等。这些措施是互相矛盾和彼此掣肘的，不可能使瑞典经济走向繁荣和稳定。七十年代初期以来，瑞典丧失了1/4的国际市场。截至1982年底，失业率达到4%，创造了第二次世界大战以来的纪录，1982年的通货膨胀率一直在10%以上，国际收支逆差高达226亿克朗，国家预算赤字达到918亿克朗，约占国民生产总值的14%。此外，瑞典自杀、酗酒和吸毒的现象也极为严重。近年来，由于通货膨胀和物价飞涨，劳动人民的实际生活水平有所下降，引起了人民群众的不满。1980年4月爆发了自1909年以来空前规模的全国大罢工，历时 10 天，近 100 万人参加罢工，占瑞典就业人数的 1/4。这次大罢工使瑞典整个工业、进出口贸易、交通运输等部门基本上陷入瘫痪。在这种情况下，瑞典政府不得不承认，我们看不出世界经济形势会出现任何明朗的前景，而且不能排除这次经济萧条将会是长期的，其前景将会比人们现在所预料的还要糟糕。并且警告说：不要指望外界经济形势将出现好转来减轻瑞典的困境。

四、新制度学派

(一) 新制度学派的前驱——旧制度学派

制度学派有新旧之分，第二次世界大战以前，主要是十九世纪末二十世纪三十年代这一时期的制度学派，通常称为旧制度学派，第二次世界大战之后的制度学派则叫新制度学派或现代制度学派。旧制度经济学是新制度经济学的理论渊源，新制度经济学是旧制度经济学的继承和发展。

制度学派是十九世纪末二十世纪初美国庸俗经济学中的一个改良派。十九世纪末，美国已赶上西欧各国，并向垄断资本主义过渡。在二十世纪头十年，生产和资本的集中在美国已有了巨大的规模，垄断组织完全统治了最重要的工业部门。正如列宁在引用 1909 年的资料时所指出的："美国所有企业的全部生产，差不多有一半掌握在仅占企业总数百分之一的企业手里！"①这时，资本主义社会固有的矛盾尖锐起来了，旧的庸俗经济学已逐渐失去其辩护作用，在新的社会经济和政治条件下，需要有愚弄劳动人民、为资产阶级辩护的"新方法"和"新理论"。制度经济学就是因此而产生的，和公开为资本主义辩护的资产阶级经济学不同，它变换姿态，改变手法，一方面承认资本主义存在矛盾和缺点，"严厉"批评资本主义，另一方面却大肆宣传可以通过改良主义的办法，缓和阶级矛盾，消除资本主义的缺点。

在经济学说史教科书，特别是在美国资产阶级著作中，往往把制

---

① 《列宁全集》第 22 卷，第 189 页。

度学派看作是德国历史学派在美国的变种。诚然，二者有某些近似之处，他们都批评抽象演绎法，采取所谓历史起源的方法，强调法律因素的特殊作用等。但是，要正确理解任何一种经济理论，研究这一理论产生的历史条件及其所代表的阶级利益，具有决定性的意义。如果从这一角度来看，那就十分明显，制度学派很不同于德国历史学派。大家知道，新历史学派产生于十九世纪七十年代，这个时期的特点，正如列宁指出的，"是自由竞争发展达到顶点的最高阶段。当时垄断组织还只有一点不甚明显的萌芽。"①而制度学派则产生于帝国主义和资本主义总危机的时代，它的任务是直接为垄断资本辩护。

制度学派的创始者和主要代表是美国著名资产阶级经济学家凡勃伦（1857—1929 年）。他的《有闲阶级论》（1899 年）、《企业论》（1904年）、《论现代文明中科学的地位》（1919 年）、《工程师和价格制度》（1921 年）、《不在所有权》（1923 年）等书，被认为是制度学派的早期代表作。旧制度学派的代表人物还有康蒙斯、密契尔、特格维尔等人。他们之间的观点不尽相同，可以分为三支：（1）社会心理派（凡勃伦），主张制度分析和文化心理因素分析，其理论建立在唯心论和庸俗进化论的基础上；（2）社会法律派（康蒙斯），把经济关系归结为法律形式的总和；（3）经验统计派（密契尔），认为经济理论的研究是次要的，不应当先有理论，再用它来整理事实材料，而应当先对事实进行统计分析，然后才得出结论。二十世纪三四十年代，贝利、米恩斯、艾尔斯等人继承凡勃伦的传统，进一步发展了凡勃伦的制度经济学理论。贝利和米恩斯所著《现代公司和私有财产》（1932 年）和艾尔斯所著《经济进步理论》（1944 年），被认为是凡勃伦制度经济学到现代制度经济学之间的过渡性著作。

制度学派从产生起，就没有严整的理论体系，观点复杂。虽然如此，他们在以下几方面可以说是比较一致的：

第一，制度经济学的主要研究对象是"经济制度"的产生、发展及其作用。凡勃伦就是以标榜研究制度而闻名于资产阶级经济学界

①　《列宁全集》第 22 卷，第 194 页。

的。按照凡勃伦的意见，经济学研究的对象是人类经济生活借以实现的各种制度，而制度是由思想和习惯形成的，思想和习惯又是从人类本能产生的，所以制度归根结底是受本能支配的。在他看来，本能是天赋的，思想和习惯是逐渐形成的，所以制度的本质是不变的，制度有一个历史进化的过程，但改变的只是制度的具体形式。社会经济的发展只有渐进，而无突变。总之，在凡勃伦看来，经济学的任务是以研究制度进化的积累过程来分析当前的社会经济。这些论点，同时也成了他反对无产阶级革命，主张资产阶级改良主义的理论基础。

第二，制度学派往往以"左"的姿态出现，对资本主义提出"严厉"的批评，对传统资产阶级经济学进行指责。早期制度学派对十九世纪末二十世纪初的边际效用学派的经济学和新古典经济学的理论，主要是对马歇尔和克拉克的理论进行了批评。凡勃伦就是以反对奥国学派和剑桥学派异端者身份出现的，他摒弃了边际效用概念、均衡理论和静态分析。和他以前的资产阶级经济学家不同，凡勃伦认为，资本主义社会不是"自然的""均衡的"和"调和的"，强调资本主义有必要加以改良，加以调节，并且可以通过调节来根除弊病。这是凡勃伦制度经济学又一最基本的理论特点。凡勃伦对现代资本主义、资本主义大公司和金融寡头统治的批评，以及对传统经济学的抨击，有许多是敏锐的、中肯的，具有一定的进步意义。但是，他的这些批评并没有否定资本主义制度，没有揭露资本主义制度的内在矛盾和资产阶级经济学的本质。

第三，强调科学技术的作用。凡勃伦在《企业论》《论现代文明中科学的地位》《工程师和价格制度》等著作中论述了科学技术的作用。他认为，在人类经济生活中有两个主要制度，一个是满足人类物质生活的生产技术制度，一个是私有财产制度。在社会经济发展的不同阶段，两个制度具有不同的具体形式。在现代资本主义社会里，这两种制度的表现形式是"机器操作"和"企业经营"，也就是运用技术进行机器生产和以获取利润为目的的企业主制度。他认为这二者之间存在着矛盾，企业主制度靠有利的价格获取利润，限制了生产的发展和技术的进步。因此，凡勃伦提出了一个改良方案，主张社会经济的控制权应由工程师、科学家和技术人员组织起来的"技术人员委员会"来掌握，以代替企业经营的统治。在凡勃伦的制度经济学中，强调技术发展的特殊作用，他认为资本主义生产中的决定因素不是劳动，不是工人阶级，而是机器、技术，是掌握技术的工程技术知识分子，说什么在工艺技术领导的社会里，资本主义社会的矛盾和缺陷(危机、失业)将会消失，生产的目的是为整个社会谋福利。他甚至企图证明，由于技术的发展，可能在资本主义社会中实现计划经济。

第四，主张国家积极干预经济。垄断资本主义的形成和发展，对资产阶级政治经济学的演变有着重大的影响。自由放任的理论已不能用以掩饰资产阶级国家从属于垄断组织。为垄断资本主义辩护，最容易最便当的方法，莫过于强调国家在经济中的决定作用，强调国家对经济的"干预"("统制"或"监督")。因此，制度学派也就主张国家积极干预经济，主张国家调节和仲裁劳资之间的矛盾，反对自由放任政策。"国家干预"("社会统制")的思想是制度学派的中心思想。凡勃伦为了实行他的改良主义方案，十分强调国家的作用。同样，康蒙斯也主张提高国家的作用，在其《制度经济学》一书中，提出了所谓"法制居先于经济"的理论。在他看来，代表各种利益的国家首先是法院(实际上，国家是剥削和压迫劳动人民的工具)，能够消除一切冲突，"调和"各社会集团的利益。密契尔认为把国家开支作为"调节器"，可以减轻甚至"消除"危机。早在1923年，他提出了国家建立失业保险的思想，在这一点上，可以说，凯恩斯主义和制度学派是不谋而合的。在资产阶级经济学中，制度学派和凯恩斯主义分歧很大，但它们都主张国家积极干预经济。正是从这一点出发，把它们同归于"国家干预论"这一经济思潮。

(二) 新制度学派的产生

新制度学派继承了旧制度学派的传统。但是，新制度学派的产生有自己的社会历史原因。

战后时期，在主要资本主义国家，一方面，科学技术日新月异，经济迅速发展，另一方面，生产过剩的经济危机更加频繁，社会矛盾愈来愈尖锐，改革制度的呼声甚嚣尘上，但凯恩斯主义仍然忽视经济、社会、政治、文化等"制度"，不考虑技术进步对整个制度演化的作用。很明显，这已经不能适应由于科学技术革命产生的新情况，不能满足垄断资本的新需要。资产阶级经济学家格鲁奇指出："这种经济学越来越同当代的重大问题毫不相干。"加尔布雷思也说，美国的凯恩斯经济学，在解释资产阶级社会的根本问题和矛盾方面已经破产，解决不了当代资本主义各种复杂的经济问题，必须在新方法的基础上创立"真正的政治经济学"。在这种情况下，制度学派又活跃起来，继承早期制度学派的传统，以所谓"新制度学派"的面目出现。他们大谈当代资本主义的新现象，把技术革命作为研究的起点，他们为了保存资本主义的基础，缓和其矛盾，提出了"新的"改良资本主义的理论，并强调国家干预经济，以保证其理论和政策的实现。在新制度学派的代表中，有许多著名的美国资产阶级经济学家，如加尔布雷思、贝尔、科姆、鲍尔丁、海尔布罗纳、沃德、格鲁奇，还有瑞典经济学家缪尔达尔，英国经济学家甘布尔，法国学者别鲁等人。其中，加尔布雷思是新制度学派最重要的代表人物。

加尔布雷思 1908 年出生于加拿大的一个农场主家庭，是苏格兰移民的后代。他的家是加拿大安大略南部的高门望族。加尔布雷思少年时代在加拿大上学，中学毕业后进入加拿大安大略农学院，学习农业经济和畜牧，1931 年大学毕业获学士学位。大学毕业后，他到美国伯克莱的加利福尼亚大学继续研究农业经济，1933 年获硕士学位，次年又获博士学位，博士论文的题目是《1934 年加利福尼亚的县支出》。在伯克莱，加尔布雷思研读了英国资产阶级庸俗经济学家马歇尔的《经济学原理》，学习了凡勃伦的著作。在当时，虽然还处于"凯恩斯革命"以前的时期，但已经开始热烈谈论凯恩斯，凯恩斯的思想对青年加尔布雷思有一定影响。1934 年，加尔布雷思到哈佛大学任讲师，担任农业经济的教学，同时，他还担任住宿生的学监。在这里，他和约瑟夫·肯尼迪结下了友谊，后来又结识了约瑟夫·肯尼迪的弟弟约翰·肯尼迪(1961 年当选为美国总统，1963 年 11 月被刺身亡)，同肯尼迪兄弟的交往，对加尔布雷思六十年代的政界活动有一定的关系。他历任美国物价管理局副局长、《幸福》杂志编辑、美国战略轰炸调查团团长、美国国务院经济安全政策室主任、美国驻印度大使(1961—1963年)。从1949年起，他任哈佛大学教授，现已退休。加尔布雷思的著述甚多，主要著作有：《美国资本主义：抗衡力量的概念》(1952年)、《丰裕社会》(1958年)、《新工业国》(1967年)、《经济学和公共目标》(1973年)。加尔布雷思每一重要著作的出版，都在资产阶级经济学界引起很大反响。

新制度经济学同其他资产阶级庸俗经济学并没有根本的区别，例如，和新历史学派一样，都从人们的心理或精神出发解释社会经济现象，都强调经济学的任务是研究和考察经济的历史进化过程，都致力于描述社会经济生活发展的表面现象，都摒弃对经济现象的理论分析，而热衷于寻找一套能克服资本主义矛盾的办法。新制度学派虽然批评凯恩斯主义，但同时对凯恩斯也是推崇备至的，如加尔布雷思认为，"凯恩斯在他最著名的考察中提到我们是被观念而很少被别的东西所统治。从直接的意义来看，这是正确的。"①新制度学派和凯恩斯主义者、现代货币学派以及其他当代资产阶级经济学家有某种一致性，他们不仅在立场上都站在垄断资产阶级一边，从维护资本主义制度，反对无产阶级革命出发，而且在理论观点上都坚持资产阶级庸俗经济学的基本理论，认为现代资本主义社会中的各种"病症"不是由资本主义基本矛盾造成的，不是来自资产阶级和无产阶级的对立以及前者对后者的剥削，在政策主张上都认为国家不应当返回到十八世纪末至十九世纪中期那种自由放任的状态。而应当在不同程度上采取国家干预的政策。正因为如此，格鲁奇也不得不承认："他们(新制度学派)并没有摒弃标准经济学(即资产阶级传统经济学)的建设大厦"，"新制度学派学者与其说是摒弃传统经济学，毋宁说是承受它原有的价值"②。的确，新制度学派继承了德国历史学派、英国费边派、法

---

① 《丰裕社会》，上海人民出版社，1965年，第17页。

② 《当代经济思想——新制度学派经济学的贡献》，第17—18页。

国社会学派和美国实用主义哲学的许多理论观点。

新旧制度学派之间更没有根本的区别，他们都从制度方面或结构方面来分析资本主义社会的变化及其存在的问题，用演进来说明社会变动，从结构变化方面推测资本主义发展的趋势；他们都认为资本主义的"弊病"在于制度结构的不协调，并在此基础上提出挽救资本主义的各种改良主义的政策建议；他们使经济学和社会学合流，使资产阶级经济学"社会学化"；他们摒弃把市场当作经济的自然调节者的观点，承认国家对经济进行干预的必要性；他们都宣扬"技术决定论"。正是由于有以上基本的共同点，形成了所谓"制度学派"。他们的差别不过在于，旧制度学派根据当时的情况（没有现在这样的技术革命和经济发展，政府在经济生活中所起的作用较小，等等）为垄断资本服务，新制度学派则根据现在的情况，更加强调国家调节经济，突出科学技术革命，来为垄断资本服务而已。加尔布雷思比起凡勃伦来，不过是对现代资本主义的"病症"的"诊断"和"处方"更加具体和广泛，更加紧密地结合资本主义实际问题，更明确地提出加强国家垄断资本主义以挽救资本主义的主张。这种差别的性质，格鲁奇指出："凡勃伦的旧制度学派和加尔布雷思、艾尔斯、科姆、洛以及别鲁的新制度学派之间的区别，大部分是二十年代和六十年代之间的区别。"①

不过，新制度学派虽然与其他资产阶级经济学流派没有根本的区别，但确有自己的特点，它在美国和其他西方国家的影响，有日益扩大之势，已经成为与凯恩斯主义、现代货币主义等并列的当代资产阶级经济学重要流派之一。

（三）新制度经济学的研究对象和研究方法

1. 新制度经济学的研究对象

新制度学派承袭了凡勃伦的基本思想，同样从制度方面或结构方

---

① 《当代经济思想——新制度学派经济学的贡献》，第18页。

面来分析资本主义社会。他们所研究的"制度",不仅包括各类组织(公司、工会、国家、企业主协会等等),还包括社会集团的行为准则,社会意识类型。加尔布雷思就自称他的研究重点是所谓"结构改革",而不是"量的增减"。他不考察所谓"经济增长",并且断言,对"结构"的研究比对"增长率"的研究更符合实际,制度方面的目标比"经济增长"的目标更为重要。他认为凯恩斯主义把重心放在量的分析上,是不妥当的,经济学之划分为宏观经济学和微观经济学两个部分,更是一种不幸。加尔布雷思认为,应当把重心转到"质"的方面来,应当主要采取制度分析和结构分析的方法。在新制度学派看来,制度只是人类本能和外在客观因素相互制约所形成的和广泛存在的习惯。现实的"经济制度"(私有制、货币、信贷、商业、利润等等),只不过是心理现象(风俗、习惯、伦理、道德)的反映和体现,起决定作用的是法律关系,人们的心理,以及其他非经济因素。加尔布雷思甚至把人"当作习惯和遗传下来的思想、态度的奴隶,这种习惯和遗传下来的思想、态度的合理性只是偶尔表现出来。"①值得指出的是,虽然资产阶级经济学家和历史学家运用"制度"(institution)这一术语已经半个多世纪,但它从来没有严格的统一的定义。

新制度学派对经济学研究对象的理解要比资产阶级经济学正统派广泛得多。在新制度学派看来,"传统学派"把经济当作封闭式的制度来分析,可是,经济是变动的制度,不过是同制度的其他部分紧密联系的因素之一。这种理解,使新制度学派的研究对象超出了传统经济理论的范围,使之接近于社会学。

如果说,新古典学派和凯恩斯主义的特点是从事于"纯粹的"经济分析,建立封闭的、脱离其他社会活动领域的模型,那么,新制度学派则力图建立能说明整个文明变化的理论,把注意力集中于社会制度和社会过程的演进,企图系统地和全面地分析社会发展的经济因素和社会政治因素,把现代资本主义经济的、社会文化的和政治的各种制度宣布为研究对象。例如,加尔布雷思在其"新工业国"理论中就

---

① 《当代经济思想——新制度学派经济学的贡献》,第136页。

分析了大公司、国家、"技术专家组合"、工会、"教育和科学集团"、家庭经济、立法机构、政党、教育制度、失业的性质、各种政治斗争等。

乍看起来,这同其他只研究财富或财富分配,只研究物与物的关系的资产阶级经济学相比,似乎是根本性的变化,而与马克思主义趋于"一致"了。这当然是一种误解。除了新制度学派对资产阶级经济学传统派研究对象的批评有一定积极意义,新制度学派对经济学研究对象的理解也是完全错误的。

大家知道,政治经济学研究的是生产的社会关系,也就是说,是生产的社会制度。马克思在谈到他的研究计划时就曾指出:"我考察资产阶级经济制度是按照以下的次序:资本、土地所有制、雇佣劳动;国家、对外贸易、世界市场。"①马克思所说的"经济制度",就是指历史发展一定阶段上的生产关系的总和。政治经济学研究生产关系,也就是要揭示社会经济运动的客观规律。什么是经济规律呢?就是社会经济发展过程各种现象之间的内在的本质的必然联系,这种联系具有不以人们的意志为转移的客观必然性。但是,新制度学派把制度归结为在人们主观心理的基础上产生的思想和习惯,不仅不认为经济关系(其中,最重要的是生产资料所有制关系)是基础,是决定性的,还否定社会发展中存在着不以人的意志为转移的客观经济规律,他们同其他庸俗经济学(如历史学派,奥地利学派)一样,完全站在唯心主义立场上,用心理现象来解释经济范畴的产生和发展,把资产阶级社会的阶级关系说成是心理差别的产物。可见,他们玩弄"制度"这两个字眼,不过是为了大肆宣扬社会经济的产生和发展是受心理和精神支配的,不过是为了说明资本主义制度虽然有"弊病",但资本主义是长期的思想和习惯演变的产物,是根植于人类本能的,不能根本推翻,而只能由人们的思想、习惯和本能的演进来消除这些"弊病"。

应当指出,新制度学派的错误不在于承认"精神态度""风俗"

① 《马克思恩格斯选集》第2卷,第81页。

"习惯"等的作用。马克思主义并不否认它们对人的行为的影响，新制度学派的错误在于，把这些心理形式当作社会经济发展的源泉和动力，而实际上，它们不过是人们的经济关系及其变化的结果。研究"社会心理"及其历史发展有一定意义，但不能代替社会经济发展规律的研究。新制度学派只研究"社会心理"的演进，用以代替研究经济规律，这无异于取消政治经济学这门科学，因为政治经济学就是研究人类社会中支配物质生活资料的生产和交换的规律的科学。

2. 新制度经济学的研究方法

资产阶级经济学说史告诉我们：奥地利学派认为个人是社会的原子，社会是个人的总和。他们把个人从特定的社会生产关系中抽象出来，臆造出一个孤立的、脱离社会的鲁滨孙式的"人"，作为"经济主体"，并把这种个人"经济"作为考察一切经济现象的出发点。这种方法，就是所谓抽象演绎法。新制度学派反对这种"个人主义研究方法"，反对把个人作为研究的出发点，而着重于"集体行为"；反对这种脱离实际的抽象演绎法，主张研究各国的具体历史材料。如加尔布雷思、贝尔等人就常常强调现实分析的必要性，反对传统的经济制度永恒不变的说法，提出所谓历史起源的方法。制度经济学的这种研究方法，概括起来，就是所谓演进的、整体的方法。

在新制度学派看来，"新古典派模式"①使用静止的、机械的均衡分析方法，只能研究资本主义社会关系的外表，丢掉了资本主义社会中各个经济利益集团之间的矛盾和冲突，不能正确反映现实。因此，新制度学派主张从根本上刷新现代经济理论的方法论基础。他们

---

① 实质上，指所有资产阶级庸俗经济学。加尔布雷思把十九世纪以来的所有资产阶级经济学流派，其中包括凯恩斯主义，实际上都列入"新古典派模式"或"新古典派体系"。加尔布雷思：《经济学和公共目标》，商务印书馆，1980年版，第17页。

认为，新古典派模式是脱离实际生活的，其基本原因在于把经济现实看作静止的，凝固不变的。但由于技术的不断变革，资本主义经济制度和社会结构处于不断演变的过程中。资本主义制度是一种"因果动态过程"，所以经济学必须研究变化，研究过程，而不是研究静止的横断面。这就是说，对经济问题的研究要用演进的方法。新制度学派就是用"演进"的概念，代替"新古典派模式"的"均衡概念"。这种研究方法，也是新制度学派的一个显著特点。因此，他们把自己建立的学术团体，称之为"演进经济学协会"。

新制度学派的演进方法，是同所谓整体方法密切联系着的。他们认为，在经济研究中，应该把注意力从个人或企业转到作为演进过程的整个社会。他们强调说，经济学所讲的整体，要大于经济的各个组成部分的总和，所以研究问题不能像奥国学派那样循相反的道路，即先研究各个组成部分然后再来加总，把社会看成个人的总和。加尔布雷思指出："把现代经济生活当做一个整体观察时，才能更清楚地了解它"，"专门化固然是方便的，但这是错误的根源"①。

新制度学派的所谓整体，不只是一个经济概念，它往往不能用数字来表达，如"大公司的权力"这个概念，既包括经济权力，又包括政治权力，就不能用数字来计量。因此，他们反对正统经济学所采取的数量分析，而强调制度因素的分析。加尔布雷思认为，资本主义现实中所发生的问题不是宏观经济分析或微观经济分析等方法所能说明的。宏观经济学只注意总需求水平的调节，微观经济学只注意成本和价格的形成，都忽视了社会的制度结构问题，二者只关心数量的变动，社会的制度结构中最基本的问题，即权力分配问题恰恰被遗漏了。新制度学派的这种分析方法，通常又把它称为结构分析或制度分析法。

新制度学派对资产阶级传统经济学研究方法的批评，同样具有一定的积极意义，但他们自己的研究方法也是不科学的。

我们知道，马克思主义政治经济学的方法，是辩证唯物主义的方

---

① 《新工业国》，1971年，第2版，波士顿，第6、405页。

法。只有借助这一方法，才能对社会生产发展各个阶段上的经济现象进行科学的研究，才能在所研究的经济现象中找出本质的方面，详细地揭示它们各种错综复杂的具体联系，阐明各个方面的相互作用及彼此之间的矛盾和斗争，从而认识整个经济，揭示资本主义经济运动的规律。但是，新制度学派完全不是这样。他们虽然重视质的分析，却忽视、甚至否定量的分析。实际上，经济现象不能只从量的方面或者只从质的方面进行研究。这种把经济过程质的方面和量的方面割裂开来的方法，同实际生活的辩证法是矛盾的。他们虽然反对"个人主义研究方法"，但立足于唯心主义，虽然现实地描述过程，但不对经济过程的实质、客观经济规律和经济范畴进行分析，虽然奢谈发展，但只承认天性、习惯、风俗的演进以及由此引起的"制度"的演进，否认历史发展过程中的革命飞跃。由于仅就表面现象进行考察，由于唯心主义地看待和解释问题，他们完全歪曲了资本主义的发展规律及其矛盾，得出了反对无产阶级和为垄断资本辩护的反动谬论。

（四）新制度学派的"技术决定论"

新制度经济学的重要内容之一，乃是强调技术发展的特殊作用，宣扬"技术决定论"，千方百计地利用技术进步为帝国主义和垄断资产阶级编造辩护理论。在这一方面，新制度学派也完全继承了凡勃伦旧制度学派的传统。

新制度学派的理论，建立在夸大科学和技术（包括管理科学、"社会工程"）的作用、美化资本主义的基础之上，认为科学和技术是决定经济发展性质的独立力量，是社会进步的主要推动力；认为科学和技术影响社会的演进，是有规律的、自发的发展过程。例如，加尔布雷思根据凡勃伦的"技术决定论"，提出了自己独特的"技术发展的必然性"理论。他抹杀科学技术发展过程和占统治地位的经济关系的辩证联系，把美国资本主义的历史发展道路描述为向"新工业国"转化的演进过程，而在这一演进过程中，科学技术进步起决定性作用。他认为，制度的演进和权力的转移都与"生产要素"重要性的更迭有关，而"生产要素"重要性的更迭归根结底是由于技术发展的必然性。在不同历史阶段，由于科学技术发展水平不一样，不同的生产要素成为"最难获得或最难代替的"，从而也是"最重要的"，谁掌握了这种生产要素的供给，谁就拥有权力。在加尔布雷思看来，在封建时代，土地是最重要的生产要素；在资本主义社会，资本是最重要的生产要素；现在，情况发生了变化，随着工业的发展，"资本的供给日益充裕"，于是出现了"储蓄过多的倾向"，资本不再是"稀缺的"生产要素了，而工业和技术发展所需要的专门知识越来越复杂，越来越重要，科学技术和专门知识成了企业成功的决定性生产要素，但这种专门知识日益感到不足。因此，现在科学技术和专门知识成了最重要的生产要素，拥有它们的人便大受重视，他们因自己的重要地位而获得了"权力"，就是说，权力转到了高级经理人员、科学技术人员和其他管理人员等所谓"技术专家组合"（technostructure，或译"技术结构阶层"）手里，而原来掌握权力的资本家成为"正在消失的形象"。加尔布雷思由此得出辩护的结论：由于这种变化，资本主义的阶级关系也发生了变化，现在不应再以财产状况来区分阶级，而应以受教育的状况来区分。当前美国社会的主要矛盾不再是无产阶级同资产阶级的矛盾，而是有知识的人同没有知识的人之间的矛盾。

又如，新制度学派的另一重要代表人物贝尔同样从"技术决定论"出发，认为由于技术进步，现代资本主义发生了本质的变化，已经成为"后工业社会"了。在贝尔看来，"后工业社会"有五大特征：(1)经济上从制造业为主转向以服务业为主；(2)社会的领导阶层由企业主转为科学研究人员，后者具有最高权力；(3)理论知识成为社会的核心，是社会革新和决策的根据；(4)对技术、经济的发展进行规划和统制，技术评价占有重要地位；(5)制定各项政策都需要通过"智能技术"（信息系统、系统工程、博弈论等）。贝尔列举的这些特点只涉及表面现象，而未深入事物的实质。实际上，资本主义的本质并未发生变化，资本主义的基本矛盾——生产的社会性和私人资本主义占有制之间的矛盾，不仅没有缓和，而且更加尖锐了。贝尔还提出了一个所谓"中轴原理"，即社会发展取决于科学知识的作用，集中研究、整理和总结科学知识的科研机构，大学和智力机关将成为"后工业社会"的"中轴结构"，这是决定社会发展的关键性社会机构。这一"原理"是为强调表面现象，抹杀本质区别服务的。他写道："'封建主义'、'资本主义'和'社会主义'是马克思主义体系中一系列连贯的概念图式，这些图式是围绕所有制关系这个中轴旋转的。'前工业社会'、'工业社会'和'后工业社会'则是围绕生产和利用知识的形式这个中轴而旋转的一系列概念。"①贝尔蓄意抹杀资本主义社会和社会主义社会的本质区别，似乎就可以使人相信科学技术进步会使资本主义自动灭亡。他写道："不一定如马克思所说的，社会制度必然从旧制度'孵化'出来……后工业社会的基础，应在科学对生产的影响中去寻找……科学作为半独立的力量正在使资本主义消失。"②在贝尔看来，"后工业社会"既不是资本主义，又不是社会主义，在这个社会中，所有制逐渐丧失作用，社会矛盾已经消除，异化和非人格化的倾向正在克服。

总之，新制度学派认为，由于技术进步，现代资本主义发生了本质的变化，已不同于过去的资本主义了，资本主义的一切灾难，如经济危机、失业、劳动人民贫困化等等，都已经克服或正在解决，阶级矛盾和阶级斗争已经逐渐消失，无须革命，改良足矣，如此等等。

首先，我们应当指出，新制度学派的错误不在于重视了科学技术进步的作用，勿宁说这是他们的积极方面。马克思主义从来就是十分重视科学技术作用的，马克思"把科学首先看成是历史的有力的杠杆，看成是最高意义上的革命力量。"③时刻关心当时每一自然科学领域，包括生物学、化学、物理学、数学等研究的重大进展。正如恩格斯指出的："没有一个人能像马克思那样，对任何领域的每个科学成

① 《即将来临的后工业社会：一个大胆的社会预想》，纽约，1973年，第11页。
② 《即将来临的后工业社会：一个大胆的社会预想》，纽约，1973年，第373页。
③ 《马克思恩格斯全集》第19卷，第372页。

就，不管它是否已经实际应用，都感到真正的喜悦。"①恩格斯自己对科学技术进步同样十分关心，在研究自然科学和社会科学最新成果的基础上，写了不朽的《自然辩证法》一书。列宁也非常重视科学技术进步，在《唯物主义和经验批判主义》一书中，从哲学的角度总结了自然科学，首先是物理学的成就，科学地预见到最新物理学成就将给科学的发展以巨大的、真正革命的推动力。列宁还强调指出："经济学家要永远向前看，向技术进步这方面看，否则他马上就会落后"②。当英国化学家威廉·拉姆赛发明了从煤层中直接取得煤气的方法时，他就认为这是"一个伟大的胜利"，"这一发明在工业中所起的变革将是巨大的"。总之，在马克思主义看来，现代科学技术革命为人类征服自然开辟了广阔的前景，为生产力的发展提供了无限的可能性，为共产主义社会准备了现实的物质技术基础。可见，马克思主义者与资产阶级经济学家的分歧，根本不在应不应当重视科学技术的作用，而在科学技术与社会经济制度的关系、科学技术革命的后果等问题上。

其次，新制度学派上述的种种说法，是不符合当前资本主义社会的实际情况的。大家知道，科学技术在社会发展中的作用，无疑在日益增长。然而，在资本主义制度下，科学技术的"权力"没有也不能代替垄断资本的权力，相反，垄断资本使科学技术从属于自己，为自己的利益服务。科学技术革命必然导致社会关系的革命化，必然导致资本主义基本矛盾和其他矛盾的尖锐化，但不能自动地改变生产关系的性质，尤其不能自动地"破坏私有制的基础"。只要存在着生产资料的资本主义私有制，权力就依然掌握在资本家手里，对最大限度利润的追求必然起着支配作用，无产阶级和资产阶级之间的矛盾仍然是资本主义社会的主要矛盾，无产阶级仍然担负着推翻资本主义，建立共产主义新社会的革命使命。新制度学派企图否定无产阶级革命和无产阶级专政，只能是枉费心机。

最后，新制度学派抹杀资本主义和社会主义的本质区别，似乎科

① 《马克思恩格斯全集》第19卷，第372页。
② 《列宁全集》第5卷，第120页。

学技术进步在任何社会制度下都能给劳动者带来幸福，都能起到同样重要的作用，这是完全错误的。马克思主义认为，科学技术本身是没有阶级性的，但它可以成为不同阶级的工具，为不同阶级的利益服务。技术进步对资本主义制度和社会主义制度下整个社会生活的影响，是绝对不能相比的。在社会主义制度下，科学技术为劳动人民自己所掌握，科学技术知识不是用来为一小撮人发财致富，腰缠万贯，而是提高劳动生产率，改善人民生活，为共产主义提供物质技术基础的重要手段，它完全为劳动人民的利益服务。在资本主义制度下，科学技术被资本家用作发财致富并使工人从属于资本的手段，技术和科学的进步意味着榨取血汗的手段更高明，只能加强资本家对工人的剥削，加深工人阶级的贫困化，使资本家和工人之间的矛盾更加激化，使经济技术上落后的国家更加遭受侵略和欺侮，科学技术被运用来进行毁灭性的战争，等等。在这方面，美国是突出的典型。正如毛泽东同志指出的："美国确实有科学，有技术，可惜抓在资本家手里，不抓在人民手里，其用处就是对内剥削和压迫，对外侵略和杀人。"①新制度学派故意混淆资本主义制度和社会主义制度下科学技术进步的本质区别，说什么两种制度正在互相"溶合"，彼此"趋同"，把社会主义制度下技术进步为人民谋福利等优越性，也强加在现代发达资本主义国家头上，然后把它捧上天。这就完全暴露了新制度学派是为垄断资本辩护，替帝国主义效劳的面目。

（五）新制度学派的"国家干预论"

在新制度学派看来，自由放任政策早已不合时宜，管制、调节、计划才是当前这个时代的迫切需要。在主张国家干预问题上，新制度学派和凯恩斯主义是十分接近的，都认为市场经济不可能通过自行调整而恢复均衡，必须依靠资产阶级政府的干预和刺激。二者的区别主要在于，以加尔布雷思为代表的新制度学派对经济增长和社会福利问

①　《毛泽东选集》合订本，第 1、384 页。

题提出要重新评价，在于为了解决当前资产阶级面临的迫切问题提出了不同的对策。

大家知道，国家是一个阶级压迫另一个阶级的机关，现代资本主义国家政权不过是管理整个资产阶级共同事务的委员会罢了。但在加尔布雷思看来，由于科学技术进步改变了"工业系统"的私人资本主义的性质，使得国家变成了"技术专家组合"的执行委员会。加尔布雷思认为，在现代资本主义条件下，国家经济作用的加强，国家采取的一系列调节经济的措施，是为了使大公司能够适应科学技术进步和大规模的投资，是实行"工业计划化"和"技术专家组合革命"的必要条件。国家干预经济的思想是新制度学派的中心思想，加尔布雷思提出了一系列调节经济的措施，最重要的是：

1. 调节总需求

加尔布雷思公开承认，现代美国经济中存在萧条、衰退和危机的趋势，没有国家的干预，这些趋势可能要发展。和凯恩斯主义者一样，加尔布雷思首先从需求方面找产生这一趋势的原因。他认为，需求不足或需求过度则是储蓄与投资不协调的结果，只有通过国家的税收政策和货币信贷政策才能保证经济的均衡发展。他还认为，工业系统按其本身的性质来说，非常需要调节总需求，要求国家进行干预，以纠正需求不足或需求过度。而且，这种干预必须是经常性的。

加尔布雷思企图通过国家调节总需求来消灭经济危机和失业，同凯恩斯主义者一样已经破产了。但加尔布雷思有一点胜过凯恩斯主义者，就是看到了把刺激总需求和增加就业，同经济军事化和军备竞赛连在一起的危险性，因而主张停止军备竞赛，建议在征服外层空间等方面进行竞赛，认为这样做能扩大投资，增加就业，促进技术进步和经济增长，使人类免于毁灭性的世界大战的威胁。

2. 教育和培训职工

加尔布雷思认为，调节总需求对消除失业是必要的，但仅此一项不足以完全解决失业问题，必须采取一系列其他措施，其中重要的一项，就是教育和培训职工的人力政策。他企图证明，除了需求不足以外，失业的主要原因之一是：由于技术迅速发展，迫切需要技术人员和熟练工人，而教育制度非常落后，不能满足要求。他认为，通过改善教育制度，扩大"人力"投资，解决上述矛盾，就不会再忧虑失业、危机、不安全和贫困了。

这些说法是错误的，完全歪曲了资本主义下失业的基本原因。当前美国资本的积累，生产的发展，是在劳动生产率迅速增长，生产自动化和合理化的条件下进行的。在劳动力熟练程度和部门结构发生变化的情况下，遭受失业的首先是教育水平低的非熟练工人，这是可以理解的。但是，失业并不是由教育水平决定的，而且，资本主义也不可能解决教育问题。失业是资本主义积累的产物和必要条件，只要资本主义各规律还在发生作用，失业就是不可避免的。失业的多少取决于资本主义积累的规模，取决于资本有机构成的变化。同时，各个时期具体的失业人数还取决于许多其他因素，其中资本主义经济周期的变化有着重要的作用，例如，在1979—1982年危机期间，1982年美国失业人数为1067.8万人，失业率达到9.7%，而在经济恢复期间，1983年11月的失业人数降到940万人，失业率降到8.4%。

3. 控制工资与价格

加尔布雷思认为，由于资本主义大企业的权力已经转移到了"技术专家组合"手里，企业的目标不再是追求最大限度利润，而是收入水平的"稳定"和尽可能高的经济"增长"。"技术专家组合"为了不冒风险，为了避免工人罢工对企业造成重大损失，往往同意工会增加工资的要求。但是，工资提高以后，企业可以接着提高价格，使利润仍然保持在原来的水平上，从而把由协议引起的提高工资的开支转嫁给广大群众。于是，物价上涨，生活费用提高，又引起下一轮提高工资的要求，如此循环往复不已，这就形成了"在工资和价格上不断加剧的螺旋上升倾向"。在加尔布雷思看来，这就是现代经济中通货膨胀持续不断的原因。

怎样抑制工资和价格不断上涨，消除通货膨胀呢？加尔布雷思认为，不能靠增加失业来抑制收入和物价上涨，而必须采取国家直接干预的办法，实行收入、价格政策。他公开申明："我坚信，如果不对工资与物价进行任何形式的直接控制，现代资本主义就无法存在下去。想实行一种不对工资和物价进行控制的经济政策的人，可以说对现代组织的重要性不理解。"①

但是，在现代资本主义条件下是不可能消除通货膨胀的。实际上，加尔布雷思转弯抹角地承认了这一点。他提出了许多作为控制工资和物价的前提条件，其中有些是根本无法实现的，有的反而导致更加严重的通货膨胀。例如，为了扩大政府支出，除了增加税收之外，主要靠滥发钞票和公债，其结果必然造成更加严重的通货膨胀。

4. 实行计划化

在新制度学派的"国家干预"理论中，越来越重视国家计划的作用。一些新制度经济学家认为，对社会经济进行管理，是工业化过程的必然要求，有的甚至说，国家参与经济的那种干涉性质，应当让位给似乎是为了社会全体成员利益的国家计划。这种强调计划的思想，对美国和西欧各国政府的国民经济政策，发生了一定的影响。新制度经济学者格鲁奇认为，"国家计划工作现正在斯堪的纳维亚各国、荷兰和法国很好地建立起来。英国、意大利和比利时近年来也已转向国家计划工作，作为应付技术化社会中经济和社会问题的手段"，"赞成经济和社会计划的巨大热情正在美国发展起来"②。

加尔布雷思在《新工业国》一书中，就有好几章(第三、四、三十一章)论述计划问题，可见他何等重视计划。他认为主要的计划组织是公司，因为现代公司可以不听从消费者的指示，能维持价格的稳定，不受市场调节作用的支配，能实行"计划化"，即一切按公司的既定目标去做，自行设计，自行生产，自行销售，保证"计划"的完

---

① 转引自《评里根的经济政策》，载《世界经济译丛》，1981 年第 2 期，第 28 页。

② 《当代经济思想—新制度学派经济学的贡献》，第 14 页。

成。但他承认，公司计划有一定的界限，因为它不能管理总需求，也不能保证熟练人员的培养和巨大科技研究项目的拨款，公司"计划"不能完成的这些任务，只能由国家担负起来。

加尔布雷思关于现代公司"计划化"的论点，关于现代公司通过广告宣传能使"供给创造自己的需求"和能使价格稳定的论点，并不符合当前美国经济的实际情况。在资本主义竞争和生产无政府状态的条件下，各个企业除了对本企业的生产、销售和资金周转有所了解，对整个社会的商品、劳动力和资本的市场状况是不清楚的，企业自己制定的计划不可能完全符合市场的实际情况，列宁早已指出："完备的计划性当然是托拉斯所从来没有而且也不可能有的。"①

然而，如果以为资本主义完全排除计划化，资本主义国家不能实行某些调节，那就太简单化了。恩格斯早就指出过资本主义计划化的因素，列宁也曾指出，对托拉斯来说，已经不能说没有计划性，垄断组织能大致估计到原料的来源和市场的规模。现在，一些发达资本主义国家的政府，也在搞些短期的和长期的计划。加尔布雷思正是在一定程度上反映了资本主义大生产的这种要求。但是，资本主义的计划根本不同于社会主义国家的国民经济计划。首先，资本主义国家实行生产资料私有制，没有掌握经济机制的主要环节，它不可能根本改变资本主义经济发展的盲目性与无政府状态；而社会主义国家由于建立了生产资料公有制，整个国民经济才有可能服从于统一的国家计划，自觉地按照规定的比例有计划的发展。其次，二者追求的目的不同，资本主义计划是为了维持和巩固资产阶级的统治，加强对工人阶级的剥削；而社会主义国家计划化的目的，是为满足全体劳动者经常增长的物质与文化生活的需要服务，为了最终建立美好的共产主义社会。

5. 调和和克服"计划系统"与"市场系统"之间的矛盾

这是加尔布雷思"国家干预论"的主要内容之一，我们将在下一节论述新制度学派的"社会乌托邦"时加以说明。

---

① 《列宁选集》第3卷，第229页。

十分明显，新制度学派提出的国家干预和调节经济的措施，根本不触动资本主义生产资料所有制，丝毫不会改变资本和雇佣劳动的关系，也不能根本改善小生产者的地位，而完全是为了加强垄断组织的权力，使垄断资本家大发横财。

（六）新制度学派的"社会乌托邦"

新制度学派主要代表人物对资本主义现实和未来前景各有自己的看法，因而提出了五花八门的资本主义"质变"理论，编造了各式各样的乌托邦，其中比较著名的是加尔布雷思在六十年代提出的"新工业国"、七十年代初在此基础上提出的"新社会主义"，以及贝尔提出来的"后工业社会"。新制度学派的各种乌托邦虽然互有差别，但都企图证明现代社会已经不是资本主义社会，在本质上是一样的。加尔布雷思的社会乌托邦，在为现代垄断资本主义辩护的理论中占有重要地位，并具有一定的代表性，对它进行分析批判，基本上可以揭示出新制度学派各种乌托邦的主要内容和实质。

1. 加尔布雷思的"社会乌托邦"

在加尔布雷思看来，现代资本主义已经与一百年前或五十年前大不相同了，已经或正在转化为"新工业国"。加尔布雷思的"新工业国"论，曾在六十年代末七十年代初的资产阶级经济学界轰动一时，直到现在仍有一定影响。"新工业国"这一乌托邦的主要内容，可以概括如下：(1)由于技术发展的必然性，即由于技术越来越发展，技术越来越复杂，技术对企业的生产越来越重要，从而使得各种生产要素相对重要性发生了决定性的变化，技术知识成了企业生产的决定性要素，而拥有技术知识的人成为生产中实际掌权的人。这些在生产中实际掌权的人，被称做"技术专家组合"。(2)原来掌权的资本家变成"正在消失的形象"，"技术专家组合"掌了权，理代企业就不再以最大利润为首要目标了，因为他们的收入主要是薪水和奖金，而不是股息，如果企业追求最大利润，股东将得到最大的好处，而他们却为此承担风险。因此，他们不去追求最大限度利润，而以稳定、发展、技术兴趣作为主要目标。（3）"技术专家组合"掌权的现代企业既然以"稳定"作为首要目标，就必须而且能够制订计划，控制价格，实行"计划原则"，并通过庞大的广告网、通信网和推销组织而使消费者听从自己的命令进行购买。（4）企业为了保持稳定，实现"计划原则"，稳定而有计划地发展，必须尽量依靠企业内部积累，减少对银行界的依赖，于是工业与银行之间的关系随着发生了变化。（5）在"技术专家组合"掌权后，当前美国的社会冲突已不是"富人和穷人之间的社会冲突，而是知识分子和非知识分子之间的社会冲突"，已不是"货币造成差别"，而是"教育已经成为区分人们的差别"。加尔布雷思甚至说："当粗通文字的百万富翁出来领导或资助没有知识的人，反对知识上的特权者和满足者的时候，这也不足为怪。这反映着我们这个时代的相应的阶级差别。"①总之，在加尔布雷思看来，现代美国已经不是资本主义社会了，而是所谓理想的"新工业国"了。

但是，在加尔布雷思《新工业国》一书问世数年以后，就已表明社会经济过程完全不是按照"新工业国"理论所阐述的那样发展。在现代美国资本主义社会即所谓"新工业国"里，仍然是生产无政府状态，经济危机更加严重，"停滞—膨胀"长期并存，各大公司无限制地追求最大限度利润，社会阶级矛盾愈来愈尖锐，资本主义社会越来越不稳定。这种情况使得加尔布雷思不得不在其新的著作《经济学和公共目标》中加以考虑，对自己的理论加以修改和补充。加尔布雷思事实上不由自主地承认了所谓"新工业国"的破产，不得不承认美国社会不单纯由"工业系统"（即加尔布雷思在此以前称之为"新工业国"的）所组成，与之并存的还有所谓"市场系统"，在这两个系统中间存在着尖锐的矛盾。加尔布雷思就是用这些矛盾来说明现代资本主义危机过程的许多现象，并以克服这些矛盾为己任，提出了所谓"新社会主义"。在他的这一理论中，还发挥了他的"国家干预"理论。

在加尔布雷思看来，现代美国社会由"计划系统"和"市场系统"

---

① 《新工业国》，波士顿，1971年，第2版，第247页。

所组成。这就是加尔布雷思所说的现代资本主义经济不是单一的模式，而是"二元系统"模式。

所谓"计划系统"，由一千家左右大公司组成，它有计划地进行经营，实行计划生产和计划销售，拥有操纵价格的权力；它消灭了贫困，已不存在阶级对立，其权力掌握在技术和管理人员手中，公司的目标不是最大限度利润而是稳定和增长，生产者主权代替了消费者主权，等等。加尔布雷思尽量往"计划系统"上贴金，把一系列"优点"横加在垄断组织身上。

所谓"市场系统"，大约由 1200 万个较小商号（包括 300 万个农场、近 300 万个服务性企业、200 万个零售店、90 万个建筑业、几十万个小型制造业，等等）所组成。它的特点是使用比较简陋的技术，市场关系占统治。这些较小商号力量单薄，无权控制价格，无法支配消费者，受市场力量支配。加尔布雷思指出了"市场系统"的许多"缺点"，表示同情它的处境。

加尔布雷思认为，两个系统在社会经济生活中是互相依赖、互相联系的，二者不断发生交换关系。在交换关系中，双方的权力和所处的地位是不平等的。他指出："在这种关系中的一个主要特征是极其明显的。市场系统于买进时，在价格上显然不能不服从计划系统的规定。市场系统出售其产品和劳务时，其中的一个很大部分，其价格不是由它自己控制的，实际上不得不屈服于计划系统的市场力量之下。"[1]显然，这样的交换对市场系统是十分不利的，两个系统权力和地位的不平等，必然造成收入的不平等。"计划系统参与者的收入将比较可靠和有利，市场系统中的那些人则情况相反"[2]。加尔布雷思由此得出结论："市场系统"受"计划系统"的盘剥，这正如第三世界发展中国家受发达国家的盘剥一样。他并且认为，两个系统权力和收入不平等有着极其重要的影响，给资本主义经济带来严重危害。这两个系统的对立是现代美国社会的基本冲突，是一切弊病的根源。在这

---

[1] 《经济学和公共目标》，商务印书馆，1980 年，第 66 页。
[2] 《经济学和公共目标》，商务印书馆，1980 年，第 66 页。

里，加尔布雷思企图用两个系统的矛盾来否定无产阶级与资产阶级的对立，抹杀决定资本主义生产发展的一切主要方面和一切主要过程的基本经济规律，其庸俗性是十分明显的。

在加尔布雷思看来，在资本主义范围内，通过提高市场系统的地位和增加它的权力，抑制计划系统的权力和消除它对市场系统的剥削，使两个系统的权力和收入均等化，就可以达到"新社会主义"。加尔布雷思写道："首先需要积极提高市场系统的权力和能力，提高它与计划系统相对下的发展程度，从而从这一方开始，缩减这两个系统之间在发展方面一贯存在的不均衡状态。这里应采取的步骤是，从事缩减两个系统收益的不均等，提高市场系统的谈判力量，减少计划系统对它的剥削。我们把这个叫作'新社会主义'。"①

原来，加尔布雷思的"新社会主义"，不过是要克服或缓和"两个系统"之间的冲突，就是说，企图解决垄断组织与非垄断组织之间日益尖锐的矛盾。资产阶级经济学家能看到这个矛盾是并不奇怪的。列宁早在二十世纪初就已指出："少数垄断者对其余居民的压迫更加百倍地沉重、显著和令人难以忍受了。""现在已经是垄断者扼杀那些不屈服于垄断组织、不屈服于垄断组织的压迫和摆布的企业了。"②当前问题更加严重了，远远不是加尔布雷思所轻描淡写的那样。令人惊奇的是，加尔布雷思把解决垄断组织与非垄断组织之间矛盾的空想，居然冒称为"新社会主义"！

2. 乌托邦改良方案及其实质

在加尔布雷思看来，究竟采取什么样的方法，实行何种措施，依靠谁才能达到"新社会主义"呢？

首先，加尔布雷思主张采取的方法是通常的资产阶级改良方法。他在《经济学和公共目标》一书中专门用了一篇谈改革理论，并恳请读者不要半途而废，阅读完他提出的"应当怎么办的问题"。但他又

---

① 《经济学和公共目标》，商务印书馆，1980年，第217—218页。
② 《列宁选集》第2卷，第748、749页。

恐怕引起误解，预先声明说："不管怎么样，我是个改革论者，不是个革命论者。"①加尔布雷思否定阶级斗争及其尖锐化的可能性，提出了阶级斗争缓和和劳资阶级消失的理论。他写道："我们已经看到，近年来由于专家组合已经把工资和其他要求让给工会来处理，并且还能够把工资成本转嫁到价格上去，于是劳资间的冲突大大地趋于缓和。"②并且断言，随着收入的增长和消费规模的扩大，发达资本主义国家的工人已不再感到自己是被剥削的阶级，而与资本主义社会融合为一体了。在他看来，无产阶级的社会心理已经改变，阶级意识已经消失，"工人在很大程度上同意公司的目标"，革命斗争完全没有必要了。

但大家知道，现代资本主义的问题不仅仅在工资方面，虽然由于通货膨胀和物价上涨使工资问题十分尖锐，问题还在于存在社会不平等、大批工人失业、千百万贫穷者为生活而挣扎，以及保健、教育、环境污染等严重问题。当前，资本主义国家资产阶级和无产阶级之间的鸿沟不是趋于消失、而是更加深刻了。现代资本主义的一个特点，就是一小撮垄断资本家和绝大多数居民之间的对抗更加尖锐，这是他们对劳动者的剥削进一步加剧的恶果。加尔布雷思之所以得出上述错误看法，一方面，由于他混淆了工会一般会员和黄色工会头目的本质区别。的确，这些工会头目待遇优厚，地位特殊，已与垄断资本融为一体了，另一方面，由于他忽视或歪曲了罢工斗争的意义，只看到工会与公司关于工资的协议以及公司的某些让步。

其次，加尔布雷思主张采取的措施没有超出资产阶级政策的界限。实际上，他是把国家垄断资本主义冒充为社会主义，只不过为了缓和阶级矛盾，企图稍微限制垄断资本的权力，主张政府增加若干"福利措施"，扩大小企业主的收入（包括剥削工人的收入）而已。这些措施，不是有利于资产阶级，就是无法实现的。

加尔布雷思认为："对现代经济社会的改革，应当是直接从经济

---

① 《经济学和公共目标》，第7页。
② 《经济学和公共目标》，第163页。

病态的诊断而来。"①这个论点本身是无可厚非的。问题在于，他对现代资本主义经济病态的诊断是错误的，因此所开出的只能是止痛剂这类最好的药方，根本无法医治资本主义的痼疾，而对广大劳动群众来说甚至是有害的，因为它可能诱使他们脱离社会主义革命的道路。

下面我们来看看加尔布雷思所提出的一些重要措施：

第一，加尔布雷思主张实行累进收入税率，以消除收入不均等。他指出："要通过温和的手段在计划系统中达到较大程度的均等，累进税制还是不可少的。"②主张通过国家保证一切有劳动能力的人有一定的年收入，主张男女同工同酬，"对于不同薪金等级的妇女，其报酬应与全体各该级工作人员的报酬相一致"。③ 主张建立幼儿园和托儿所，让更多的妇女成为雇佣工人，以增加收入，主张各民族工人的工资不受歧视，等等。可见，加尔布雷思把收入的"公正分配"当成了"新社会主义"的主要内容。

乍看起来，加尔布雷思的这些政策主张颇有点"激进"。如果在主张革命和消灭资本主义制度的前提下提出这些要求，无疑是进步的。但在保持垄断资本的统治，不变革生产资料所有制的条件下，收入均等化是不可能实现的。在现代资本主义条件下，垄断组织对非垄断企业和小生产者进行排挤和打击，使其濒于破产，或者将其一大部分剩余价值或收入攫为己有，是由于垄断组织占有基本生产资料，凭借其对生产资料的所有权而在市场上居于支配地位。企图使非垄断组织和小生产者获得与垄断组织同等的收入，纯粹是骗人的痴想。当前，美国居民收入分配不平等的根源，同样在于资本主义生产资料私有制，在于生产资料占有和分配的不平等。无论国家采取何种措施，都不可能使收入均等化，因为国家不过是资产阶级进行统治和剥削的工具。所谓累进税制同样是为资产阶级及其政府服务的，正如马克思

① 《经济学和公共目标》，第211页。
② 《经济学和公共目标》，第265页。
③ 《经济学和公共目标》，第233页。

指出的："赋税是政府机器的经济基础，而不是其他任何东西。"①资产阶级总是想尽各种办法（直接的和间接的）把税收负担加在劳动人民身上，而绝不是把收入从富者转交给贫者达到收入的均等化。

第二，加尔布雷思还建议采取下列各方面措施：同环境污染作斗争；国家为了社会利益而非为了"计划系统"的拨款；反对通货膨胀（即物价上涨）；保证各部门协调发展。

实际上，这些措施同凯恩斯主义的国家干预政策毫无二致。资产阶级为了自身的生存，可能采取某些措施防止环境进一步污染，但资产阶级是唯利是图的，不惜牺牲环境的舒适和人体的健康，不惜把地球啃光，否则，它们就不能赚取利润。尽管加尔布雷思往国家增加拨款、扩大投资上贴上为了社会利益的标签，但由于国家是垄断资本的工具，它必然只是保证垄断资本企业享有优惠条件，通过国家预算资金来为垄断资产阶级谋利益。政府的大量拨款，必然同时加重人民的租税负担，注定要引起巨额财政赤字，而赤字财政的一个必然结果就是通货膨胀。在垄断资本主义条件下，垄断并不消除竞争，而是凌驾于竞争之上，与之并存，因而产生特别尖锐特别剧烈的矛盾、摩擦和冲突，根本不能保证各部门协调发展。

第三，加尔布雷思提出的改良措施中很重要的一项是最大公司的国有化，首先是军事工业公司的国有化。加尔布雷思是反对经济军事化和军国主义的，这当然值得称道，但把反对经济军事化归结为军事工业公司的国有化，并把它称之为"新社会主义"，就不足取了。

第四，加尔布雷思认为只有依靠国家和科学教育界才能达到"新社会主义"。他认为，达到"新社会主义"的目标主要靠国家的立法和管理，在美国，科学教育界能担负起"社会革新"的政治重任。

大家知道，在资本主义社会，科学教育界（专家、学者、教育家、科技人员等）并不是经济上独立的阶级，因而不代表任何独立的政治力量。由于他们受垄断资本的剥削和压迫，有可能成为反垄断资本的积极社会力量，但只有当他们与工人相结合，并在无产阶级领导

---

① 《马克思恩格斯选集》第 3 卷，第 22 页。

下，才能取得革命斗争的胜利。

我们已经指出，所谓"新社会主义"实际上就是国家垄断资本主义。这样的"社会主义"当然只有依靠资产阶级的国家来实行。凯恩斯主义者也是一直主张国家垄断调节的，不过从来不把它叫做社会主义而已。如果主张的是真正科学的社会主义，就必须依靠无产阶级，团结广大劳动人民，实行无产阶级革命，打碎资产阶级的国家机器，用无产阶级专政代替资产阶级专政，然后运用无产阶级政权的力量，剥夺剥夺者，才能实现社会主义。

但应当指出，马克思主义并不反对改良的斗争；列宁就曾经说过："我们应当支持任何的改善，支持群众状况在经济上和政治上的真正改善。我们同改良主义者……的区别，并不在于我们反对改良，他们赞成改良。完全不是这样。"①但列宁特别强调指出："改良是革命的阶级斗争的副产品。"②加尔布雷思和其他现代垄断资产阶级乌托邦编造者都认为，没有阶级斗争，他们所主张的改良方案也是可能实现的。加尔布雷思改良方案的空想性，正突出地表现在这里。

*　　　*　　　*

从上可知，新制度学派是当代资产阶级庸俗经济学的一个重要流派，其使命同其他资产阶级经济学一样，是维护资本主义制度，为垄断资本的利益服务。不过，新制度学派是资产阶级经济学中比较激进的一派，它同其他流派的争吵相当激烈。一方面，新制度学派随着凯恩斯主义的失灵而改善了它的处境；另一方面，由于保守派以自由经营论的新型格调的面目卷土重来，对国家干预论的指责振振有词，声势显赫，而且在英、美两国，保守派的经济理论(在英国为现代货币主义，在美国主要是供给学派)上升到官方经济学的地位，使得它同凯恩斯主义一样处于尴尬的境地。看来，新制度学派至少在一个相当长的时期内仍将处于"异端"或"外道"的地位，难以上升为资产阶级经济学的正宗。

---

① 《列宁全集》第 23 卷，第 159 页。
② 《列宁全集》第 23 卷，第 276 页。

新制度学派同许多保守派相比，较正视世界发生的变化，企图适应新的社会经济条件，并利用它来为资本主义辩护。例如，生产与资本的集中和积聚，市场机制已不能自动调节经济，这些都为保守派所坚决否定，却是制度学派的出发点。新制度学派的某些研究，其中包括对科学技术进步的研究，对美国仍然存在大量小企业和小生产的原因的分析，对它们的处境和遭遇以及垄断组织（即加尔布雷思所说的"大公司"），对它们的剥削的描述，对国家从属于垄断组织，以及垄断组织与资产阶级国家机构相勾结的许多内幕的揭露，对新古典学派和凯恩斯主义的批评，是比较现实的，具有一定的积极意义。我们在研究资本主义新的经济现象时，这些是可以借鉴和利用的。

第二篇

新型自由经营论(新自由主义)

五、经济自由主义的演变

(一) 资产阶级古典学派的经济自由主义

最初说明资本主义制度的原则的是经济自由主义，而经济自由主义的理论基础则是重农学派的理论体系。马克思在阐述重农学派的体系时指出："重农主义体系是对资本主义生产的第一个系统的理解。"①

在重农学派的理论体系中，"自然秩序"的观念占有重要地位，它是重农主义整个学说的基础。重农学派的"自然秩序"观念，实际上是在当时法国启蒙思想的影响下形成的。启蒙思想家认为，自然界和人类社会本来是受"自然秩序"支配的，但是也有一种"人为秩序"和它相对立。他们讲的"自然秩序"，实质上是资本主义的秩序。在他们看来，这种秩序是完全合乎人类本性的，因而是自然的和合理的。他们讲的"人为秩序"，实际上是指封建制度而言，这种秩序被认为是违反自然的和不合理的。重农学派，特别是魁奈，接受了启蒙思想家的这种"自然秩序"和"人为秩序"的观点，并作了进一步的解释。不过，由于重农学派不能完全摆脱封建思想的影响，在解释"自然秩序"时披上了封建宗教的外衣。重农学派认为，"自然秩序"是上帝为了人类的生存和幸福而安排的一种关于社会和自然的秩序，"人为秩序"则是随不同国家和不同时代而变动的人类社会存在的实际状态；二者是否一致，要看人类是否认识"自然秩序"的安排，如果人

---

① 《马克思恩格斯全集》第 24 卷，第 399 页。

类认识了"自然秩序"，就会根据这一秩序的原则来积极组织社会，社会的政治经济就会兴旺和发展，反之，社会就会陷入疾病状态；而当社会陷入疾病状态时就需要进行治疗，即需要进行社会改良，使之回到自然秩序上来。在重农学派看来，自由竞争就是医治这种病态的手段，竞争、经济自由、实行"自由放任"原则，就是保持"自然秩序"的力量。魁奈断言，在自由竞争下必然是等价交换，产品在社会成员之间的分配是最合理的。在他看来，只有自由竞争才符合"自然秩序"的要求，而一切垄断则限制人们的首创精神，使人们处于不平等的关系下，垄断还增加"不生产的"流通费用和加工工业的费用，因而是必须反对的。

由此可见，在"自然秩序"这一思想中，重农学派实际上已经懂得，在人类社会发展中存在着不以人的意志为转移的客观规律，懂得经济过程也像自然过程一样有其内在的规律性，因而给政治经济学提出了认识客观规律的任务，这是他们的巨大功绩。但是，由于受资产阶级立场的限制，他们又把资本主义生产方式的特殊规律，当作支配一切社会形式的永恒不变的规律。

资产阶级政治经济学古典学派最伟大的代表亚当·斯密和李嘉图，进一步发展了经济自由主义学说。他们研究了资本主义经济的内部联系，奠定了劳动价值理论的基础。

亚当·斯密和李嘉图的理论反映了资本主义发展的这样一个阶段，那时无产阶级尚未成为独立的政治力量，资产阶级和无产阶级的矛盾还处于萌芽状态，资产阶级的主要历史任务，仍然是扫除封建残余和重商主义政策的束缚，为资本主义经济的发展开辟道路，因而资产阶级还是一个具有历史进步作用的阶级。所以，这时的经济自由主义也具有一定的进步作用，反映了当时资产阶级的要求：要求消除封建国家在经济生活中设立的一切障碍和束缚，要求给予资本家、企业主、农场主、商业家以充分的自由。

例如，亚当·斯密主张使自由首创精神有充分发展的场所，主张消灭行会规章制度、公司和商业垄断的特权、陈旧的立法等等。他要使自由竞争在经济生活中起决定性作用。在他看来，限制自由竞争的任何企图将阻碍经济发展。因此，他反对任何形式的国家对经济活动的干预，反对国家调节经济。斯密认为，自由竞争可以使资本和劳动无限制地自由流动，因而能够最合理地利用生产资源，使社会财富迅速增长。他在主张国家不干预竞争的同时，却也赞成国家的一系列政策和措施，如维持国内安全、建立国防。他在个别情况下，甚至赞成对某些经济活动进行限制，如认为有必要制定调节货币发行量的立法，因为在这方面的自由，会威胁整个社会的福利。斯密代表资产阶级的利益，还反对在对外贸易中采取任何限制。他认为，由于这些限制，只有那些得到鼓励的部门才会提高利润，因此，他反对直接禁止某些商品的进出口，反对保护关税和出口奖励，斯密鼓吹贸易自由，是在捍卫和推行进步的经济政策的体制，因为这些政策是符合英国资产阶级的特殊地位和利益的。但是，斯密过高地估计了对外贸易自由的作用，并把它绝对化了。在他看来，对外贸易自由符合一切国家所有社会阶级的利益，对工人来说，也是一种福祉，但实际上，只意味着资本家更有可能通过对工人的剥削获得更多的利润。至于他宣扬的商品在各个国家的自由流转，则同斯密的愿望相反，是一个国家剥削和掠夺另一个国家的手段，导致矛盾和冲突更加尖锐化。但尽管有这些缺陷，斯密鼓吹的这些政策以及"自由企业精神""自由贸易""自由竞争"，符合英国资产阶级反对封建残余斗争的利益，促进生产力的发展，因此，在当时具有进步作用。

在李嘉图的著作中，经济自由主义得到了更加充分的反映。大家知道，李嘉图整个理论体系的基础是劳动时间决定价值，他研究所有其他范畴，都看它们是否符合劳动耗费决定价值这一原理。毫无疑问，这种研究方法是进步的。李嘉图同斯密一样，把自由竞争看作资本主义经济规律，主要是价值规律的表现形式，他从只有自由竞争才是人们经济联系的最合理的形式出发，反对国家干预经济生活，反对商业垄断。例如，李嘉图认为工资的变动是客观规律发生作用的结果，国家对自然形成的工资水平进行干预是不合理的，他写道："工资正象所有其他契约一样，应当由市场上公平而自由的竞争决定，而决不应当用立法机关的干涉加以统制。"①

李嘉图坚决反对 1815 年颁布的"谷物法"。"谷物法"是贵族地主阶级为了维护自己的利益，通过手中控制的议会多数而制定的。该法废除了从英国出口谷物的任何限制，而对进口谷物则征收高额关税，这就人为地造成国内谷物的高价格和地主的高额地租。谷物价格高涨，不仅使广大劳动人民蒙受损失，而且也对工业资产阶级不利，因为谷物价格高涨，势必引起工资的增加，从而减少利润。同时，那些把谷物输入英国的国家为了回击"谷物法"，也采取征收高额关税等措施阻止英国工业品的输入。这就不利于英国对外贸易的发展，严重损害了英国资产阶级的利益。因此，李嘉图作为工业资产阶级利益的代表，主张谷物自由贸易，论证了资产阶级反对人为地维持谷物的高价格和地主的高额地租的经济政策的合理性。在李嘉图看来，废除谷物法，使谷物自由贸易，会增加资本家的利润，因为面包价格降低将使工资减少。在这里，李嘉图已接近于承认，围绕谷物法进行的斗争，实际上是剥削阶级之间为分割剩余价值的斗争，而且，他公开站在资产阶级一边，表明了地租的提高阻碍经济的发展，减少积累资金和资本家的利润。

李嘉图在对外贸易理论上，提出"比较成本"学说，发展了斯密的对外贸易理论。斯密认为，各国应当生产自己在生产上占绝对优势、成本比别国低的商品，输出国出口某一商品，其生产成本应当绝对低于其他国家的成本，例如，某一商品在甲国生产需要 10 小时劳动，但在乙国生产需要 15 小时，那么，甲国输出这种商品，乙国自己不生产这种商品，而向甲国进口，都是最有利的。李嘉图发展了斯密的这一看法，进一步论证说，不一定都要求绝对优势，一个国家的某商品只要在生产上有相对优势，成本相对低一些，便可专门从事这种商品的生产。可见，斯密把生产成本上的绝对差额、生产中的绝对优势，看作国际劳动分工的基础，而李嘉图则认为，生产成本上的相对差额，生产中的相对优势，是国际劳动分工的基础。

---

① 《政治经济学及赋税原理》，商务印书馆，1972 年，第 88 页。

但是，资本主义现实表明，斯密和李嘉图关于自由的对外贸易能够保证理想的国际劳动分工的理论，是不能成立的。马克思指出："在世界贸易中，商品普遍地展开自己的价值。"①世界市场的发展导致统一的、一般的国际价值的形成，在世界市场上出卖的商品的市场价格，就是围绕国际价值而波动的。在没有关税壁垒，就是说，在自由贸易的情况下，世界市场上，正如各个国家国内市场上一样，任何国家的任何商品，不是按照同该国生产成本相适应的价值来实现的，而是按照同平均的国际生产价格相适应的国际价值和价格来实现的。但是，资产阶级经济学家否认或避而不谈国际价值问题，因为在资本主义条件下，国际价值的形成是同不等价交换的关系联系着的。由于这一点，比较发达的国家虽然比竞争对手卖得便宜，但却高于商品的价值出卖自己的商品。"处在有利条件下的国家，在交换中以较少的劳动换回较多的劳动，虽然这种差额，这种余额，同劳动和资本之间进行交换时通常发生的情况一样，总是会被某一个阶级装进腰包。"②

总的说来，尽管资产阶级政治经济学古典学派没有发现资本主义生产运动的规律，其经济自由主义也存在很多缺陷和错误，但他们对内主张自由放任，对外主张自由贸易，反对国家的干预和保护，其矛头是针对资本主义自由发展时期妨碍资本主义生产方式顺利发展的封建束缚，具有反封建的进步性质，是适合社会发展要求的。

(二)资产阶级旧庸俗学派的经济自由主义

资本主义社会矛盾尖锐化，工人阶级登上历史斗争的舞台，特别是从法国和英国的资产阶级夺得政权以后，阶级斗争采取了日益鲜明的和带有威胁性的形式，资产阶级古典学派的经济自由主义理论也被庸俗化了，庸俗学派的经济自由主义则成了单纯为资产阶级谋取私利和为资本主义制度辩护的工具。

---

① 《马克思恩格斯全集》第 23 卷，第 163 页。
② 《马克思格斯全集》第 25 卷，第 265 页。

在法国，庸俗学派的主要代表萨伊和巴师夏，鼓吹经济自由主义，宣扬资本与劳动利益"调和"的理论。他们使亚当·斯密和李嘉图的理论适应于资产阶级新的需要，并加以补充和"发展"。同古典学派的劳动价值理论相对立，他们提出了"生产三要素"学说。在他们看来，这些要素是产品生产和分配的基础。萨伊提出了关于自由竞争"自然机制"的原理，认为自由竞争调节生产、分配和交换的比例和关系。在英国，"曼彻斯特派"也宣扬资产阶级国家不要干预经济生活的观点，鼓吹自由贸易和殖民扩张，主张废除谷物法和保护关税等一切有关进出口贸易的人为障碍，来满足当时工业资产阶级的要求。在美国，庸俗经济学家凯里，同巴师夏一样否认资本主义固有的对抗性矛盾，鼓吹阶级调和、歌颂自由竞争的自动调节作用，认为国家干预经济生活，将会破坏自然建立起来的调和关系。凯里在其早期著作中带有自由贸易论的色彩，但这同当时美国资产阶级所坚持的保护关税政策相矛盾。因此，在他的后期著作中，竭力使阶级利益调和论同保护关税结合起来。

庸俗经济自由主义理论家步古典学派的后尘，认为资本主义是"永恒的"和"自然的"经济制度。他们认为，这一制度的基础是私有制和"自由"，并且把私有制和"自由"当作人类社会存在的永恒的和自然的条件，而这些又是从人的本性中产生的。在他们看来，经济生活中的"自由"，就是使经济活动或企业活动有充分的自由，就是达到无限制的自由竞争。

在萨伊、巴师夏、凯里等看来，自由竞争在经济发展中起决定性的作用，在竞争不受限制的条件下，价格的自动变化，能保证供给与需求、生产与消费之间的均衡，而在没有竞争、国家干预经济的情况下，均衡不可避免地会遭到破坏。他们还认为，在解决分配问题时，自由竞争也具有头等重要的意义。他们摒弃古典学派所坚持的劳动价值理论，从"生产三要素"论出发，认为收入就是"生产要素"的价格，在自由竞争条件下，收入分配是天公地道的。美国庸俗经济学家克拉克就说过："社会收入的分配是受着一个自然规律的支配。而这个规律如果能够顺利地发生作用，那么，每一个生产因素创造多少财富就得到多少财富。"①

总之，资产阶级庸俗学派经济自由主义的基本内容，可以概括为：自由竞争是在经济发展中能够自动建立均衡的一种力量，不仅保证收入分配的合理和公正，而且保证最大限度的福利和进步；"自由放任"制度能在资本主义社会创立"利益调和"的条件，使私人经济欲望限制在一定范围之内，不致发展到违背社会利益的地步；资产阶级国家是保卫自由企业精神的"守夜人"，不干预经济过程本身的活动，但私有制一旦受到威胁，国家干预是必要的。

资本主义现实完全否定了庸俗的经济自由主义。随着资本主义社会阶级矛盾的尖锐化，经济自由主义的阶级实质暴露得越来越明显了。自由主义者主张的自由竞争，并不能保证经济均衡发展和阶级利益调和，实际上，劳资之间的矛盾，资本家或资本家集团之间的斗争，都愈来愈尖锐了。竞争虽然也促进资本主义生产力的发展，但同时使社会矛盾激化，经济危机加深，劳苦大众的状况更加恶化。

经济自由主义者所谓国家不干预经济生活的要求，纯粹代表资产阶级的利益。当资本主义生产方式为自己创立了相应的物质技术基础的时候，资产阶级已经足够强大，没有国家的帮助和干预，也能保证自己榨取最大限度的剩余劳动，而雇佣工人不得不接受资产阶级强加给他们的剥削条件。关于这一点，马克思写道："'自由'工人由于资本主义生产方式的发展，才自愿地，也就是说，才在社会条件的逼迫下，按照自己的日常生活资料的价格出卖自己一生的全部能动时间，出卖自己的劳动能力本身，为了一碗红豆汤出卖自己的长子继承权。"②而且，资本主义的现实还表明，当有利于资产阶级需要的时候，它就要求国家进行干预。如资产阶级"为了'规定'工资，即把工资强制地限制在有利于赚钱的界限内，为了延长工作日并使工人本身处于正常程度的从属状态，就需要并运用国家权力。"③

① 《财富的分配》，商务印书馆，1959年，第3页。
② 《马克思恩格斯全集》第23卷，第300—301页。
③ 《马克思恩格斯全集》第23卷，第806页。

应当指出，资本主义自由竞争时代的自由主义的具体内容，不仅在各个不同历史时期有很大的变化，如亚当·斯密和李嘉图时代的经济自由主义和他们以后的庸俗经济自由主义就有根本的不同，这点在上面已经说过了；而且由于各国经济发展水平和阶级关系不同，在同一时期各个国家也具有各自的特点。例如，十九世纪上半叶，英国的地主贵族，曾是保护主义者，而产业资产阶级则是自由贸易的拥护者；在德国，需要廉价工业品的容克地主主张自由贸易，而产业资本家由于经济发展水平低，经不住外国的竞争，而成为保护主义者。

(三)新型自由经营论(新自由主义)的产生

自由资本主义向垄断资本主义过渡，在资本主义政治和经济中出现了许多新的特点，"这种从竞争到垄断的转变，是最新资本主义经济的最重要的现象之一，甚至是唯一的最重要的现象"①。在这种情况下，资产阶级经济学也随之发生了变化，例如，新古典学派的主要代表人物、英国著名经济学家马歇尔，尽管在《经济学原理》一书中竭力颂扬自由竞争原则，但他也承认垄断组织在经济生活中日渐重要。为了加强英国在世界市场上同美国和德国垄断组织的竞争能力，他在晚期著作中积极主张英国也加强垄断联合，并从理论上为垄断组织和垄断价格辩护。不过，直到二十世纪三十年代以前，新古典学派在资产阶级经济学中仍然是经济自由主义的主要代表。

垄断资本主义的发展，私人垄断资本主义发展为国家垄断资本主义，使社会经济矛盾极端地尖锐起来了，这就决定了国家全面干预资本主义再生产过程的客观必然性。在这种情况下，私人资本主义生产的自动调节机制遭到了破坏，1929—1933 年资本主义世界经济大危机特别明显地表明，资本主义已经那样腐朽，生产社会化与私人资本主义占有形式之间的矛盾已经那样深刻而激化，以经济自由主义的老办法对付这次大危机完全不行了，必须改弦更张。因此，一方面，许

① 《列宁选集》第 2 卷，第 740 页。

多资产阶级经济学家转到凯恩斯主义立场上；另一方面，不少资产阶级经济自由主义者不得不在某种程度上放弃"市场经济自动调节"的理论，对自由主义思想体系大加修改，首先是修改关于国家的经济作用，以及国家干预和资本主义竞争自发机制的关系的理论。由于这种修改变化，也就产生了新型自由经营论，即新自由主义。

新自由主义的理论体系，是在二十世纪三十年代形成的。1938年，在巴黎举行了新自由主义者第一次国际性会议，确定了新自由主义派的经济纲领，这次会议被称为"李普曼学术讨论会"。李普曼是美国资产阶级政论家，在他的著作，特别是在《自由城市》一书中，制定了符合自由主义观点的、捍卫国家垄断资本主义的新原则。他的论点在资产阶级自由主义经济学家中得到了广泛的反应，对新自由主义的形成有一定的影响。第二次世界大战以后，新自由主义的影响日渐扩大，先后出现了现代货币主义、弗莱堡学派、哈耶克新自由主义、合理预期派、供给学派等等。

新自由主义虽然派别繁多，但在分析资本主义经济机制和国家经济作用问题上的基本一致，把它们联合起来了。新自由主义各派有下列共同点：（1）以萨伊定律——"供给创造它自身的需求"为理论基础，认为通过市场供求作用的自动调节，能够达到充分就业均衡，资源得到充分利用，否认资本主义固有的生产过剩经济危机和凯恩斯所确认的"非自愿失业"的存在；（2）信赖市场供求的自动调节作用，主张自由放任以达到经济均衡的发展，反对凯恩斯主义的政府干预政策，硬说经济危机是由于政府过度干预引起的，即使要有所干预，也应降低到最低限度；（3）坚持传统的健全财政原则，量入为出，开支力求节省，税收力求其小，收支平衡，坚决反对凯恩斯的财政政策——扩大政府开支、提高税收、赤字财政、举债花费；（4）主张稳定物价，坚决反对通货膨胀。

新自由主义经济学家不同于旧经济自由主义者，并不认为自由竞争能够自动地顺利进行。他们已经没有旧自由主义经济学家那种乐观的态度，被迫承认资本主义存在一系列"弊端"，如垄断统治、比例失调、经济危机等，认为这些弊端损害了市场机制的调节作用，导致资本主义社会动荡不安，因而得出结论说，为了使资本主义竞争顺利进行，国家必须在一定程度上干预经济，但要反对国家直接干预企业的生产和商业活动，反对规定价格的政策。新自由主义和旧自由主义不同之点还在于，后者并不注意垄断的作用，也未感到垄断的威胁，因为那时垄断还不存在或刚刚开始形成，认为国家干预经济是一切灾难的根源；前者则认为，垄断组织是自由竞争和经济协调发展的障碍，宣称自己经济政策的最重要的一点，是同垄断倾向作斗争。但实际上，这完全是蛊惑性的宣传，新自由主义者否定垄断与竞争之间的内在联系，否定"垄断产生着竞争，竞争产生着垄断"的原理，采取小资产阶级批评垄断的手法，把矛头指向社会主义国家和工会，掩盖垄断的统治，他们提出的同垄断斗争的纲领和实际措施，最终反而导致大垄断资本统治地位的加强。

新自由主义各派在基本理论上虽然是一致的，但由于民族条件的特殊性和方法上的特点，他们之间的差别和分歧也是很深刻的。

现代货币主义认为货币是唯一的重要因素，强调严格控制货币增长率。在他们看来，要抑制通货膨胀，实现经济稳定，最根本的措施就是控制货币供应量的增长率，使其同经济增长率大致相适应。弗里德曼根据美国经济发展状况，提出货币供应量应按照每年4%—5%的固定增长率有计划地增长。他认为用这一"简单规则"的货币政策，取代金本位制下的"自由兑现、自由铸造、自由熔化、自由输出输入"四种自由调节机制，资本主义经济就万事大吉。现代货币主义善于利用凯恩斯主义的恶果，即经济危机同通货膨胀、物价猛涨两症并发，严重的"停滞—膨胀"，特别是它选择通货膨胀作为中心问题，向凯恩斯主义发动进攻是很成功的。它以此显示了自己理论和政策的"优越性"，在资产阶级经济学中赢得了声誉，扩大了影响。

同现代货币主义一样，供给学派的影响越来越大。供给学派的视野比货币主义更广阔一些，除重视货币因素外，更强调经济的供给和生产。供给学派认为，单靠货币学派所主张的控制货币供应量的增长率，不足以使美国经济摆脱目前的困境，只有大幅度降低税率，削减政府开支，才会刺激供给，使资本主义经济稳定增长。阿瑟·拉弗甚至断言，降低税率可以刺激人们多投资和更加勤奋地工作，从而可以增加总产量和总就业量，而且最终仍将导致政府收入的增加。

合理预期派由现代货币主义衍变而来，主要是针对通货膨胀率的预期而提出论点和政策。他们认为，人们在进入市场以前，已经充分了解以往的价格变动情况，进入市场以后，又把过去的信息同现在的信息综合在一起，然后根据这种信息对未来的价格变动作出预测，采取有依据的对策。但政府的决策不如公众的灵活和及时，政府的信息也不如公众的完备和详细。因此，政府的政策可能被公众的合理预期所抵消，从而变得失效，或者政府因公众已采取预防性措施，而不得不放弃已经制定的政策。可见，合理预期派在看待政府政策上，得出了比货币主义更加悲观的结论，认为任何形式的国家干预都是有害无益的，反对"需求管理"政策和政府干预私人经济的措施。

弗莱堡学派（西德新自由主义）制定了最完备最系统的新自由主义理论，他们提出的纲领和实际措施，在战后一直是联邦德国政府的官方经济政策。他们鼓吹"社会市场经济"理论，这是弗莱堡学派经济学说的主要内容。直到六十年代，弗莱堡学派鼓吹有限调节的"社会市场经济"，主张尽可能地主要让市场力量来自行调节全国的经济活动，在不得已的情况下由政府进行某些干预；到了七十年代，则开始宣扬全面调节的"社会市场经济"，主要依靠国家对经济进行干预，实际上同凯恩斯主义调和、综合起来了。最近，又出现了回到有限调节的"社会市场经济"的趋势。

哈耶克是当代最有影响的新自由主义者。他先后在维也纳大学、伦敦大学、芝加哥大学和弗莱堡大学担任过教授，这些大学的新自由主义派都把他列为自己的重要代表人物。但是，哈耶克新自由主义毕竟带有奥国学派的特点和传统。它强调彻底的经济自由，反对任何形式的国家调节，要求给予私人经济以最充分的自由。在哈耶克看来，"理想"经济的实现，要有以下前提条件：物价稳定，灵活的货币工资政策（灵活降低工资）；国家预算平衡，取消国家印发钞票的垄断权（即"货币的非国家化"），恢复金本位制，国家作用缩小到最低限度等。

从新自由主义各派共同的一般理论和各自的特点中可以看出，同凯恩斯主义（还有瑞典学派、新制度学派）一样，新自由主义也是捍卫国家垄断资本主义的理论。这两大流派在经济政策方面的分歧，实质上不在于国家干预经济本身，而在于干预的程度和形式。凯恩斯主义者认为，国家所以必须干预经济，是由于自动发生作用的市场机制受到破坏而引起的，不用国家干预来代替和补充市场机制，资本主义经济就不能正常运行；新自由主义者则认为，国家干预经济是由于必须恢复市场机制，并使之在资本主义经济中继续起作用。凯恩斯主义对国家干预经济的作用不加任何限制，新自由主义，特别是在最初阶段，对国家干预经济规定了一定的界限。凯恩斯主义公开主张对资产阶级国家的经济实行垄断调节，并认为它在现代资本主义国家的再生产过程中起决定性作用，新自由主义则打着"自由企业精神""社会市场经济"等旗号、以掩盖它为国家垄断资本主义效劳和辩护的实质。所以新自由主义是隐蔽的"国家干预论"或"可以调节的资本主义"理论，因此，不能把"国家干预论"和"新型自由经营论"、新自由主义和凯恩斯主义、"调节经济"和"自由企业精神"对立起来。但如果是指国家干预的程度、形式和方法而言，把它们加以区别开来，甚至对立起来，则是正确的。凯恩斯主义和新自由主义同时存在，使得国家干预经济的理论和政策，更加灵活多样，能更好地适应各国经济周期不同阶段的特点和要求，能更好地为国家垄断资本主义辩护，但不言而喻，无论是凯恩斯主义，还是新自由主义，或是二者的结合，都不可能消除资本主义社会经济矛盾的基础，不可能使资本主义免于"全部毁灭"。

新自由主义派的一个重要特点，是他们在二十世纪腐朽的、垂死的垄断资本主义时代，仍然在做十七、十八世纪自由放任和自由竞争的黄粱美梦，不懂得或者不愿看到世界所发生的变化，不能适应新的形势。这表明现代资产阶级经济学家实在已经走投无路，拿不出新的货色来救治资本主义，只得乞灵于祖传"法宝"。因此，新自由主义被认为是当代西方经济学中的保守派。

新自由主义具有反社会主义的强烈思想倾向，这突出地表现在哈耶克和西德弗莱堡学派的著作中。哈耶克非常仇视和坚决反对科学社会主义，把生产资料公有制和国民经济计划污蔑为"通向奴役"的道路，把社会主义国家诋毁为"独裁者""极权政治""拥有极大垄断权的国家"。哈耶克历来被认为是"极右翼的""保守的""反动的"资产阶级思想家。西德新自由主义同样露骨地反对社会主义，它提出了一整套"理论"来同社会主义相对抗，其基础就是欧极的两类"理念经济模型"学说。在欧根及其门徒看来，在古代罗马、中世纪各国以及现代欧洲、亚洲、美洲各民族中，曾经有过的而且现在还存在着的只是两种可能的经济形式，即两类"理念经济模型"："自由或社会市场经济"和"中央管理经济"。历史上一切经济秩序都逃不出这两类"理念模型"的范围，莫不是二者在不同程度上的体现。所谓"社会市场经济"，系由市场价格机制的自动调节作用来影响的经济；所谓"中央管理经济"，则是通过政府的计划和命令来调节经济，其实质乃是排除市场、私有制和价格形成。属于前者的是一切高度发达的商品经济，特别是现代西方国家的经济制度，而属于后者的则有希特勒法西斯主义经济、封建采邑经济、埃及法老奴隶制经济。西德新自由主义者把社会主义计划经济也归属于"中央管理经济"，并且认为，"自由市场经济"是美好的，"中央管理经济"是邪恶的。

　　在战后一个相当长的时期内，现代新自由主义的主要阵地曾经在联邦德国，从六十年代下半期起，它在思想理论和实际政策方面的影响有某些削弱。近年来，在西方世界，特别是在英国和美国，凯恩斯主义由盛而衰，而新自由主义却颇为得势。看来，当代资产阶级政治经济学内部各种思潮的兴衰交替必将继续下去。不过，无论哪一种经济思潮得势，都不能从根本上消除经济危机、失业、通货膨胀等资本主义痼疾。资本主义的灭亡，社会主义的胜利，是不可避免的。

六、现代货币主义

（一）现代货币主义的思想渊源和理论基础

1. 旧货币数量学说

现代货币主义，是当代资产阶级政治经济学中最流行和最有影响的流派之一，但它并不是什么新理论，而是资产阶级传统的庸俗"货币数量"学说的翻版，不过为了适应垄断资本主义的新形势，增加了一些新的"花絮"而已。要知道什么是现代货币主义，首先应当知道"货币数量学说"是什么。

在资产阶级庸俗经济学家看来，货币本身没有价值，它的价值是在流通中得到的。他们把货币的价值同货币的购买力，或者说，同货币和商品之间的交换比例混淆起来，认为商品的价格水平和货币的价值是由货币的数量决定的；假定其他条件不变，商品价格水平和货币数量成正比例变化，即货币数量多，商品价格高，货币数量少，商品价格低；货币价值和货币数量成反比例变化，即货币数量少，货币价值大，货币数量多，货币价值小。就是说，流通中的货币越多，商品价格水平越高，货币价值越小。

这种"货币数量学说"早已有之。它的早期代表人物是法国启蒙思想家、哲学家、历史学家孟德斯鸠(1689—1755 年)和英国哲学家、经济学家休谟(1711—1776 年)。孟德斯鸠从一国的全部货币量和全部商品相交换的事实出发得出结论说，每一个单位货币的价值等于货币总量除以商品总量所得的商，即货币价值＝货币总量/商品总量。

在他看来，一国的货币越多，商品价格水平越高，每一货币单位的价值越低。

休谟是十八世纪"货币数量学说"最重要的代表者。休谟对孟德斯鸠的货币数量论作了某些修改，他把全部货币量和全部商品量同处在流通中的货币量和商品量区别开来。他认为，在一定时间内不处在流通中的那一部分货币量（窖藏中的货币量）不影响商品的价格，不投入市场的产品也不影响商品价格。在他看来，商品价格和商品价值决定于流通中的货币量和流通中的商品量的对比关系，在一定的流通的商品量下，商品价格水平同流通的货币量成正比，而货币价值的大小同流通的货币量成反比。因而休谟认为，在商品量不变的情况下，货币数量增多，商品价格就会同比例提高，所以人为地增加货币量，对一国并无好处。休谟的这种货币数量论，是用以反对重商主义关于通过国家干预经济以积累本国金银货币的政策主张的。

资产阶级古典政治经济学的伟大代表者李嘉图也站在货币数量论的立场上，他企图把这个理论同劳动价值论结合起来。按照李嘉图的理论体系，本来是不应该得出货币数量论的。因为他已经正确认识到，货币的价值由生产中耗费的劳动量决定，而商品的价格无非是价值的货币表现。所以，在货币的价值不变时，一个国家流通中的商品价值总额决定流通中的货币量，相反地，在流通中的商品价值总额不变时，一个国家中货币的单位价值决定流通的货币量。但是，由于李嘉图认为货币只是流通手段，看不到货币作为储藏手段的作用，从而认为，金属货币同国家所发行的强制流通的纸币一样，非留在流通中不可，因此他在解答下面问题时就糊涂起来了：如果商品的价值总额和货币的单位价值不变，而流通中的货币数量对于正常的需要水平来说，却发生了过多或过少的现象，那么将产生什么样的结果呢？在李嘉图看来，当流通中的货币数量多于正常的需要水平时，商品的价值就以多量的货币来表现，于是商品的价格就上涨；相反地，当流通中的货币数量少于正常的需要水平时，商品的价值就以少量的货币来表现，于是商品的价格就下跌。这样，李嘉图就得出了和他的劳动价值论相矛盾的"货币数量论"，背离了自己的劳动价值论，背离了他的价值决定于生产中耗费的劳动量；商品价格决定于货币本身的价值和商品的价值，以及商品价格总额决定流通中的货币量等正确原理，反而错误地认为，商品在进入流通时是没有价格的，货币是没有价值的，商品价格的高低是由流通中的货币量来决定的。

资产阶级庸俗经济学家利用李嘉图的货币理论中的这种庸俗观点，并把它进一步庸俗化了。在十九世纪，特别是到了二十世纪，"货币数量学说"在资产阶级经济学中得到广泛的传播。二十世纪"货币数量学说"最著名的代表是美国经济学家、耶鲁大学教授欧文·费雪（1867—1947年）。他在1911年出版的《货币的购买力》一书中，企图用数学来论证自己的"货币数量学说"，提出了下列"交易方程式"：

$$MV = PQ \quad 或 \quad P = \frac{MV}{Q}$$

在方程式中，M（money 货币）代表流通中的货币量，V（velocity 速度）代表货币流通速度，P（price 价格）代表商品的平均价格，Q（quantity 数量）代表商品和劳务的交易量。

在费雪看来，货币本身没有任何价值，但具有购买力，所谓货币的购买力，是指每一单位货币所能交换到的商品量；在一定的商品量和一定的货币流通速度下，购买力决定于流通中的货币量。在上述方程式中，货币量居于主动的、起支配作用的地位，物价水平（P）是随货币量（M）的波动而波动的。

1917年，英国剑桥大学教授庇古（1877—1959年）根据他的老师马歇尔的学说，也提出了类似费雪的"货币数量学说"及其方程式。

2. 现代货币主义的货币数量学说

现代货币主义发源于美国芝加哥大学，该校经济学教授弗里德曼（1912—）是现代货币学派的领袖和主要代表人物。弗里德曼1946年获哥伦比亚大学博士学位，同年去芝加哥大学任教，1948年任该校教授，曾被选为1967年美国经济学会会长，1976年获诺贝尔经济学奖，1977年1月退休后，在斯坦福大学胡佛研究所任高级研究员。由于弗里德曼在芝加哥大学执教长达三十年之久，在该校有一批追随他的货币主义经济学家，所以现代货币主义或货币学派有时又被称为"芝加哥学派"。还由于弗里德曼所表述的观点最具有代表性，所以现代货币主义有时又被称为"弗里德曼主义"。除芝加哥学派以外，在西方其他资本主义国家中还有一批著名的货币主义经济学家，如英国的资产阶级经济学家艾伦·沃尔特斯、戴维·莱德勒、迈克尔·帕金，奥地利的资产阶级经济学家赫尔姆特·弗里希。

现代货币主义是属于新自由主义的一个重要流派，它继承了芝加哥新自由主义反对国家干预、鼓吹自由放任的传统，其特点是以现代货币数量论为其理论基础，主张实行货币供应稳定增长率的政策，而它的现代货币数量学说，实质上不过是十七世纪至二十世纪长期流行的资产阶级庸俗"货币数量学说"的翻版而已。但为了适应现代垄断资产阶级的需要，作了某些修改和补充，最明显的是因袭了凯恩斯的"流动偏好"理论。

现代货币数量学说最基本的一点，就是认为货币数量变动在经济生活中起支配作用。这一点和旧货币数量学说是相同的。但二者也有明显的区别，旧货币数量学说假定在"充分就业"条件下，货币流通速度、商品与劳务产量在短期内基本不变，或者不会大量地或迅速地增加或减少，所以物价水平必然决定于货币的数量，这就是说，货币供应量的增加会直接使物价按同一比例上升，以致引起通货膨胀。现代货币数量论则认为，货币供应量的变动，不仅影响物价总水平的变动，还影响总产量或国民收入的变动。

在现代货币主义的理论中，货币的作用被歪曲和夸大了。正如著名的美国资产阶级经济学家托宾指出的，现代货币数量论者把"货币要紧"的口号，实际上理解和解释为"唯有货币要紧"①。现代货币主义关于货币数量决定主要再生产过程的观点，歪曲了资本主义经济机制的作用。实际上，在货币流通领域中，经济机制的作用不是独立地、孤立地发生的，而是从属于社会产品生产与流通的一般规律，大家知道，这些规律又决定于资产阶级社会生产关系的整个体系和阶级

———————————

① 《美国经济评论》，1965 年 6 月号，第 481 页。

结构。现代货币主义者把货币放在经济机制的中心地位上，这就歪曲和颠倒了再生产过程中的现实因果关系。

3. "货币数量学说"的根本错误

（1）忽视货币最重要的职能——价值尺度。货币数量论者把货币仅仅看作流通手段，认为货币在进入流通以前不执行任何职能，没有任何价值，如费雪就是用"货币购买力"概念来代替"货币价值"概念，并且把购买力看作货币同商品交换的比例，而这一比例是在流通过程中依据货币量和商品量的数量关系确定的。这是完全错误的。大家知道，货币不只是流通手段，而首先是价值尺度。商品一经生产出来，其价值就用货币来表现，即获得了价格形式，而且这是商品在市场上同货币交换以前就已经发生的。因此，货币在进入流通过程以前，就已执行价值尺度的职能，但是，货币要能执行价值尺度的职能，它本身就应当具有价值，其价值根本不是由货币数量决定的，而是由体现在货币中的社会必要劳动量决定的。完全不是货币数量论者认为的那样，货币不是在流通过程中获得价值的，它的价值在进入流通过程以前，即在生产过程中就已形成了。

（2）否认货币流通的客观规律。货币流通是有一定的客观规律的。在一定时期内，流通中需要一定的货币量，取决于市场上待售的商品总量、商品价格水平、货币流通速度和某些其他因素。而在货币数量论者看来，流通中可以有任何数量的货币，不过货币越多，货币的价格越低，把货币数量的变动看作原因，物价水平的变动看成结果，并认为这既适用于金属货币流通，也适应于纸币流通。但大家知道，在金属货币流通的情况下，不是任何数量的货币都会进入流通，而只有客观实际需要的货币量才进入流通，多余的货币则将退出流通，成为贮藏货币。在纸币流通的情况下，纸币的发行在数量上要受到限制，不得超过没有纸币作为代表时流通中实际需要的金量(或银量)，如果纸币发行量相当于商品流通中所需要的金属货币量，则纸币就同金属货币一样具有同等的购买力；如果纸币发行量超过了商品流通中所需要的金属货币量，则单位纸币所代表的金属货币量就会减少，货币就会贬值，物价就会上涨。由此可见，流通中的货币量取决于商品价格水平，而不是商品价格水平取决于货币量。费雪的"交易方程式"无论如何不能证明"货币数量学说"的正确性，从这个方程式中得出的唯一结论只能是：商品交易所需的货币量，等于商品交易量的价格总额。但这决不意味着货币数量决定商品价格，恰恰相反，货币在商品流通中只能实现商品的价格，而不能规定商品的价格，并不是货币流通决定商品流通，而是商品流通决定货币流通。

（3）歪曲货币数量和货币价值之间的真实关系。在货币数量论者看来，流通中的货币数量是"原因"，货币价值是"结果"，即货币的价值是由货币的数量决定的。实际上，在其他条件相同的情况下，流通中的货币量依存于商品的价格，而价格作为价值的货币表现，它一方面决定于商品的价值，另一方面决定于货币的价值。因此，货币的价值不是取决于货币的数量，相反，流通中的货币数量却取决于货币的价值，货币数量论者恰恰把这种因果关系搞颠倒了。

（二）现代货币主义反对凯恩斯主义
——"货币主义反革命"

现代货币主义遵循的是很久以前的萨伊定律和错误的货币数量学说，是地地道道的保守派。但是，它现在的影响非常大，并在英、美取代凯恩斯主义而成为国策。这是什么原因呢？这首先是因为它善于利用长期推行凯恩斯主义所产生的恶果，即经济危机，大批失业，经济停滞，通货膨胀，社会不安，特别是严重的"停滞—膨胀"。它巧妙地选择通货膨胀作为中心问题向凯恩斯主义发动猛攻，以此显示了自己理论和政策的"优越性"，在资产阶级经济学中赢得了声誉。连一贯反对货币主义的美国著名经济学家、1981年诺贝尔经济学奖获得者托宾，现在也不得不承认：在七十年代，"经济科学的重心，已转移到他们（货币主义者——引者注）的立场和方法论上来了。"①以

---

① 《今日的货币主义反革命评论》，《经济杂志》1981年3月，第30页。

货币主义观点著称的莱德累，甚至仿照尼克松总统说过的话"现在我们大家都是凯恩斯主义者了"，得意忘形地声称：弗里德曼的思想影响竟如此深远，"现在我们大家都是货币主义者了"①。可以说，现代货币主义是利用了六十年代以来的严重通货膨胀来反对凯恩斯主义而发迹的，难怪有人说，如果认为凯恩斯主义是萧条(三十年代的大危机)的产儿，是"萧条经济学"，那么，现代货币主义是通货膨胀的产儿，是"滞胀经济学"。

前面已经指出，以弗里德曼为代表的现代货币主义继承了芝加哥大学的经济自由主义的传统。在十九世纪末二十世纪初，芝加哥学派的特点是：(1)重视货币理论的研究；(2)坚持经济自由主义思想，反对政府直接干预市场经济活动。但从三十年代起，特别是凯恩斯《就业、利息和货币通论》问世以后，芝加哥学派转而主张某些调节措施。弗里德曼曾经承认，三十年代内，芝加哥大学经济学说和凯恩斯经济学说之间，在有关"大萧条的原因、货币政策的重要性、以及广泛依靠财政政策的必要性"等方面十分相近②。这种情况，反映了芝加哥学派对三十年代严重经济危机感到束手无策时，寻求新的出路的思想状况。从三十年代起，直到战后初期，同凯恩斯学派相比，芝加哥学派显得门庭冷落。

但是，从六十年代，特别是从七十年代以来，现代货币主义的影响越来越大，现在它已经成为现代凯恩斯主义最有力的挑战者。所谓"凯恩斯革命"遭到非难，而所谓"货币主义反革命"(弗里德曼正是这样高傲地称自己的反凯恩斯主义)愈来愈受人们的重视了。

现代货币主义是三十至四十年代长期忽视资本主义经济中货币因素的作用与通货膨胀趋势的特殊反映。五十年代中期，弗里德曼就以对资产阶级经济分析"重新评价"的首倡者出现。他把自己的思想描述为这样一种"理论观点"："货币的确是重要的，如果忽视货币的变

---

① 《货币主义：说明和评价》，《经济杂志》1981年3月，第1页。

② 《亨利·西蒙斯的货币理论和政策》，载《法律和经济学杂志》，1967年10月号，第7页。

化，对经济积极性暂时变化的任何估价，看来都包含着严重错误……"①关于货币在再生产过程中起特殊作用的论点，以及对货币因素估计不足引起严重恶果的论点，成了货币主义进攻凯恩斯主义阵地的出发点。

的确，现代货币主义和凯恩斯主义对货币的重要性和作用的看法，是有严重分歧的。货币主义者认为"唯有货币要紧"，坚持货币供应量的变化对产量和国民收入水平起决定性作用，对整个经济产生重大影响的观点，而利息率则被看成微不足道的指示器。因此，他们断言，由政府控制利息率会造成货币供应的不稳定，进而引起整个经济的不稳定。但凯恩斯主义者则认为，虽然"货币也要紧"，货币供应的变化会影响产量或国民收入水平的变化，但它只不过是通过对利息率的影响而间接地产生这种作用。他们还认为，货币供应的变化只起次要的作用，决定国民收入水平变化的因素是投资及其"倍数"，而不是货币量及其速度。

关于货币起特殊作用的论点，虽然是货币主义向凯恩斯主义进攻的出发点，但向凯恩斯主义发动猛攻的最重要的问题，却是通货膨胀问题。凯恩斯本人对通货膨胀并没有明确的概念。他曾经担心两次世界大战后的那种恶性通货膨胀，但是，他在后来又赞成所谓"爬行的通货膨胀"，凯恩斯在《就业、利息和货币通论》中多次谈到刺激总需求问题，认为达到充分就业以前，流通手段的增长，不会引起通货膨胀。他认为，在存在失业的情况下，作为流通手段的货币量的增加，首先影响生产和就业，只是在生产要素有限时才会引起物价上涨。实际上，凯恩斯否定那种以为长期刺激"有效需求"会不断产生通货膨胀的观点。凯恩斯主义对通货膨胀的看法，就是建立在这种理论的基础之上。

凯恩斯的门徒强调指出，凯恩斯对三十年代经济危机的印象十分深刻，因而对通货膨胀问题未予重视，而更多地注意通货紧缩问题。这是因为，在凯恩斯看来，通货膨胀只是直接影响食利者的利益，而

---

① 《货币数量论的研究》，芝加哥，1956 年版，第 3 页。

通货紧缩则会导致贫困和失业，是极其危险的。由此几乎可以得出结论：既然资本主义生产自动调节的机制不能保证"有效需求"、投资和就业的应有水平，那么，"温和的"、"可以控制的"通货膨胀，就是有益的和必要的了。正如凯恩斯的门徒所说的，通货膨胀不是货币流通的反常现象，而是国家垄断调节的不可分割的部分。实际上，这种观点决定了战后发达资本主义国家经济政策的方向。但事与愿违，由于长期推行通货膨胀政策，物价上涨不已，失业不断增加，陷入"停滞—膨胀"的严重困境而不能自拔。

恰恰相反，在现代货币主义看来，当前的通货膨胀，是错误的货币政策的必然结果。货币主义者认为，通货膨胀是一种纯粹的货币现象，它是由于凯恩斯主义推行过度的货币供应政策产生的。他们把通货膨胀的罪责完全推给凯恩斯主义，并不遗余力地加以攻击。这就是弗里德曼所发动的"货币主义反革命"。

但是，货币主义者和凯恩斯主义者在理论观点和政策主张上的矛盾和分歧，并不如他们双方所说的那样尖锐。总的说来，战后时期，资产阶级经济学中出现了各种学派和思潮"融合"的趋势。在这一过程中，西方经济学说的不同流派折中主义地联合和调和起来了。货币主义与凯恩斯主义不过是资产阶级政治经济学中的不同流派，具有共同的思想根源，在许多理论问题上观点一致。同时，也不容忽视，他们之间存在一系列重大分歧，特别是在资本主义经济稳定的程度上，再生产过程中国家干预"最适度的"规模上，以及在货币、通货膨胀和其他许多问题上，都明显地表现出来了。

(三)现代货币主义的基本理论

现代货币主义属于新自由主义思潮，同时又特别重视货币的作用。它的中心命题是：(1)货币最要紧，货币的推动力是说明产量、就业量和物价变动的最主要的因素；(2)货币供应量的变动是货币推动力的最可靠的测量标准；(3)政府支配着经济周期中货币供应量的变动，因而通货膨胀、经济萧条或经济增长，都可以而且应当唯一通过政府对货币供应的管理来加以调节。现代货币主义的基本理论观点，都是以自由市场经济理论和上述中心命题为主要内容来展开的，可概括为以下几方面("货币数量论"已有论述)：

1. 自由市场经济理论

现代货币主义的基本理论原理之一是，资本主义商品经济是高度稳定的、最适应于自我调节的制度，它处于有节奏的、均衡增长的自然状态中，资本主义存在无危机发展和增长的内在潜力，用不着国家进行干预或调节。在现代货币主义者看来，生产过剩的经济危机、通货膨胀、结构比例失调等，都是不合乎规律的偶然现象，同资本主义生产的内在规律并没有什么联系。货币主义者耶格尔就曾这样说过："资本主义经济发挥职能的许多不利方面(通货膨胀、衰退、周期性失业现象和收支差额危机)并非资本主义的特点，它们起因于不正确的货币政策，而货币政策则是国家的职能"①。

弗里德曼正是坚持上述基本理论原理，鼓吹自由放任，认为没有自由，就没有持续的经济增长。他除了主张政府应当"为竞争的规则提供一个货币的结构"外，反对一切形式的政府干预。他还认为，听任人们自行其是，不要政府干预，自由企业经济必能在稳定状态下得到发展。

在这种理论的基础上，现代货币主义者主张压缩国有经济和社会福利计划，废除"高度就业"或"充分就业"口号，尽量扩大市场自发力量、自由竞争和个人的主动性。这种理论反映了一部分有势力的大资产阶级，以及许多不满意国家干预政策和严重通货膨胀的中产阶层代表的观点。但是，这种观点是违反历史潮流的，这在国家垄断资本主义已经高度发达的西方国家是根本行不通的。正如列宁早已指出的："……垄断已经产生了，恰好是从自由竞争中产生出来的！即使现在垄断开始延缓发展，这也不能成为维护自由竞争的理由，因为自

---

① 《货币政策与经济实践》，华盛顿，1972 年版，第 13 页。

由竞争在产生垄断以后，就不可能存在了。"①

2. 通货膨胀理论

根据现代货币主义理论，货币供应量的变动，是物价水平和经济活动发生变动的最根本的决定性的原因，也是产生通货膨胀的唯一原因。货币主义者认为，通货膨胀在任何时候任何地方都是一种纯粹的货币现象。弗里德曼曾经指出："通货膨胀随时随地都是一种货币现象。"这就是说："通货膨胀是发生在货币量增加的速度超过产量增加的速度的情况下，而且，每单位产品所配合的货币量增加得愈快，通货膨胀的发展就愈快。""如果货币量的增长不快于产量的增长，那就不可能发生通货膨胀。"②

为了证明过度的货币增长率是通货膨胀的唯一原因，弗里德曼分析了可能被认为是导致通货膨胀原因的垄断价格、政府财政赤字、工会提高工资的要求等。他认为，所有这些可以使个别商品涨价，但不能使商品价格普遍上涨，可以造成通货膨胀的短期波动，但不能产生持续性的通货膨胀。弗里德曼认为，这些因素只是在影响货币供应的范围内才对通货膨胀起作用。他举例说，政府的支出可能是膨胀性的，也可能不是。如果政府的支出靠征税或向公众借债的方式来弥补，就不会发生通货膨胀，因为这不过是购买力的转移，并没有增加货币的供应。不过，如果政府支出是用发行货币和扩大信用的办法而使通货增长率超过产量增长率，就必然引起通货膨胀。

在弗里德曼看来，由于各国推行凯恩斯主义政策，使得货币增长率超过了产量增长率。其主要原因是：（1）政府开支迅速增加；（2）政府推行充分就业政策；（3）中央银行(在美国为联邦储备系统)实行错误的货币政策。归根结底，这几方面都导致政府开支的增加，而政府的这些开支，主要只能靠增发货币。这就必然导致货币增长率超过

---

① 《列宁选集》第2卷，第831—832页。
② 转引自胡代光著：《现代资产阶级通货膨胀理论批判》，中国财政经济出版社，1982年版，第54页。

产量增长率，从而引起通货膨胀。因此，弗里德曼指出："在现代世界中，通货膨胀是一个印刷机的现象"；"通过印刷更多的纸币以支付政府的用款，无疑，这是当代通货膨胀的主要泉源。"

弗里德曼对通货膨胀产生的原因看得这样简单，因而他提出的克服通货膨胀的办法也十分简单，这就是降低货币增长率，确切些说，就是使货币供应同实际产量增长的需要一致起来就行了。或如另一位货币主义者安东尼·班布里奇所比喻的，如果"经济脸盆里的货币溢出太多"，只要"关闭货币水龙头，就可以制止在浴室中流溢满地的通货膨胀"。①

十分明显，现代货币主义把极其复杂的经济现象，其中包括通货膨胀的原因，简单归结为货币量的变动，这是完全错误的。这种理论的目的在于，不让人们去注意资本主义生产的对抗性矛盾，而把一切主要问题的研究都到流通领域中去，在表面现象上兜圈子。实际上，当前资本主义国家长期持续的通货膨胀的原因，虽然与过度发行货币有关，但这种现象是同国家垄断资本主义条件下再生产过程的变化联系着的，就是说，同资产阶级国家在国民经济中作用的增长、垄断大公司力量和作用的加强，资本主义经济军事化等联系着的。

3. "自然失业率"概念

现代货币主义从货币数量论出发，把通货膨胀归结为纯粹的货币现象，必然反对现代凯恩斯主义关于通货膨胀与失业相互交替的理论。凯恩斯主义的这一理论，最明显地体现在菲利普斯曲线上。

在现代凯恩斯主义者菲利普斯(1914—1975年)看来，失业率与物价上涨率之间存在着反方向变动的关系。这就是说，失业率低的时候，物价上涨率就高；反之，失业率高的时候，物价上涨就低。这意味着，要减少失业或实现充分就业，就会出现较高的物价上涨率；反之，要降低物价上涨率或稳定物价，就必须以较多的失业为代价。菲利普斯把他的这种观点用一个坐标图表现出来，人们称之为菲利普斯

---

① 《通货膨胀》，英国《观察家报》，1974 年 9 月 29 日。

曲线。

弗里德曼提出所谓"自然失业率"概念，来同所谓"菲利普斯曲线"相对立，明确否认通货膨胀率与失业率之间具有权衡关系或替换关系。

什么是"自然失业率"呢？

所谓"自然失业率"，就是指在没有货币因素干扰的情况下，让劳工（劳动力）市场和商品市场的自发供求力量发挥作用时所应有的、处于均衡状态的失业率。在弗里德曼看来，只要对劳工市场的工作加以改进，如使劳动力具有较大的流动性，减少寻找工作的时间，广泛提供关于职位空缺的信息，以及排除产品和劳动力市场的垄断，那么，一切有就业技能而且愿意工作的人，迟早都会得到就业机会；而一切缺乏就业技能又不为雇主所需要的人，不管生产量如何变动，他们也不会得到就业机会。由此可见，弗里德曼的"自然失业率"概念，是指那种因缺乏技能和受到就业结构方面的限制，而无法就业的"摩擦失业"，以及那种据说由于缺乏就业"刺激"，在现行工资条件下（认为工资太低）不愿就业的"自愿失业"。在现代货币主义的理论中，不存在凯恩斯所确认的"非自愿失业"，失业都是自愿的和摩擦性的。

通货膨胀率与失业率之间究竟是什么样的关系呢？现代货币主义认为，从短期来看，预期的通货膨胀可能会减少一些失业，这是因为在自由竞争的市场经济中，雇主和雇工都要事先估计未来的物价水平和物价变动率，以便估计一定数额的货币工资所代表的实际工资量。但是，雇主和雇工的估计是不同的，雇主能够比较迅速地感觉到实际工资的下跌，于是提高对劳动力的需求量；而雇工很可能相信提高了的货币工资代表着较高的实际工资，于是愿意就业；减少了失业。因此，现代货币主义者把这种情况看成通货膨胀（预期的通货膨胀）可能在短期内使失业减少的原因。但他们认为，从长期来看，雇工总会了解到他们得到的较高的货币工资买不到预期的东西，即了解到实际工资已经下降。这时，他们就将调整预期，减少劳动力的供给，要求提高工资，否则，就不愿就业，失业增加。因此，现代货币主义认为，通货膨胀与失业之间不存在菲利普斯曲线那样的交替关系，通货膨胀不可能消灭"自然失业率",而是通货膨胀与失业同时存在。

在现代货币主义者看来,只要政府按照与经济增长率相适应的速度,长期地、稳定地增加货币供应量,就可以保证资本主义国家的经济繁荣和物价稳定,使失业率保持在"自然失业率"水平之上。

现代货币主义者从"自然失业率"概念出发,反对政府提高劳动力就业的政策,反对凯恩斯主义关于"充分就业"的口号。在他们看来,就业水平并不取决于政府采取的措施,而是决定于劳动力市场的一般条件。他们认为,如果消除了工会的"垄断",让工人"自由竞争","自然失业率"就会降低。可见,弗里德曼把失业的罪过归之于工会,归之于工人自己,而与资本家阶级的残酷剥削和资本主义制度无关。"自然失业率"概念的辩护性和反动性,是昭然若揭的。

(四)现代货币主义的政策主张

现代货币主义者虽然主张自由市场经济,但并不赞成政府对经济采取完全放任不管的态度。他们根据货币数量学说,提出了一系列货币主义政策。这些政策主张的指导思想是:(1)为了避免各项目标之间的矛盾和冲突,只强调一个目标——稳定物价,而所有其他任务都要服从于这一目标;(2)达到这一目标的手段,是调节货币量;(3)由于经济效果要有一个时间的间隔才能表现出来(即时延或时滞),这可能引起不稳定现象,因此必须以长远目标为指导;(4)紧缩社会福利开支和"刺激"经济发展。

现代货币主义者究竟提出了哪些政策主张呢?大致说来,主要有以下几项;

1."简单规则"的货币政策

前面已经指出,现代货币主义者把通货膨胀、失业、经济波动等,简单地看成货币这个最重要的因素所起作用的结果。因而他们的政策主张也很简单,正如萨缪尔森指出的:"货币主义者对'联邦'(美国中央政府——引者注)所作的建议是:稳定货币供给的增长——每一年、每一个月都应如此，使得货币供给按照事先决定的固定速度增长，如每年5.5%，或至少在每年5%和6%之间。做到这一点以后，把积极的财政政策和所有的微调都置之不理，让自由的市场制度主宰一切——主宰利息率、失业人数、价格水平、等等。"①的确，现代货币主义的一切政策主张都是从这一"简单规则"出发的。他们反对凯恩斯主义用财政政策干预经济，而特别强调货币政策的极端重要性。

凯恩斯主义者认为，为了调节投资量，使总需求达到预期水平，就需要增加或减少货币供应量，使货币供应量在短期内有较大幅度的摆动。他们还非常重视利息率的调整，企图通过利息率的调整来影响预期利润率，从而影响投资量。即提高利息率，使投资紧缩；降低利息率，使投资扩大。为此，就需要采取增加或减少货币供应量、调整中央银行贴现率、在公开市场上买进卖出政府债券，以及改变商业银行的法定准备金比率等措施，来影响利息率水平。

而现代货币主义者认为，调节货币供应量的目的，不在于控制总需求水平，而在于使市场上商品和劳务数量的增减与货币供应量的增减相适应，以便稳定物价。因此，在短期内不应使货币供应量有很大的变化，否则，会加剧经济的不稳定。他们还认为，利息率是政府所不能也不应控制的因素，它取决于政府控制的金融范围以外的其他一些经济因素（其中，最重要的是价格预期因素），如果政府把控制利息率作为目标，这只能增加货币供应的不稳定性，从而加剧市场经济的动荡。在现代货币主义者看来，最理想的是政府控制货币供应量，使货币供应的增长率同经济增长率大致相适应。弗里德曼建议美国货币供应量按照每年4%~5%的固定增长率有计划地增长，认为这样可以抑制通货膨胀，保持物价稳定。

弗里德曼为什么规定每年货币的固定增长率为4%~5%呢？这是因为，在弗里德曼看来，在美国，为了适应人口和劳动力的增长，每年需要增加货币1%~2%；另外，从长期趋势来看，美国经济增长率

---

① 《经济学》上册，商务印书馆，1979年，第472页。

每年平均增长 3%，不可能超过 4%，这大致又需要增加货币 3%～4%。这样，如果使美国货币供应量按每年增加 4%～5% 的速度增长，则可与经济增长的速度相适应，从而可以保证经济增长，并使物价水平趋于稳定。

由此可见，弗里德曼的货币政策真是简单！只要每年增加 4%～5% 的货币量，就万事大吉，就可以拯救资本主义。可是，这样简单的"理论"和政策，绝大多数有学识的资产阶级经济学家就是不接受，许多资产阶级政府就是不采纳；即使是采纳实行了的，处境也十分不妙，这就不得不令人深思了。

2. 收入指数化

上面已经说过，弗里德曼认为，只要政府按照同经济增长率相适应的速度，长期地、稳定地增加货币供应量，就可以消除通货膨胀。但是，这是就一国而言的。实际上，各国是同世界市场密切联系的，世界性通货膨胀必然会影响国内的经济活动，因而弗里德曼承认通货膨胀在目前是不可能完全克服的。他为了"消除"通货膨胀的有害影响，主张实行"收入指数化"和"浮动汇率制"政策。

所谓指数，系指某一社会现象的报告期数值对基期数值之比，它表明经济现象变动的程度。弗里德曼鼓吹的"收入指数化"，就是主张把工资、政府债券收入和其他收入，同生活费用如消费物价指数紧密联系起来，生活费用提高了，就要相应地增加收入。在弗里德曼看来，实行"收入指数化"，可以抵销物价波动的影响，使通货膨胀不致带来痛苦，就是说，可以消除通货膨胀所带来的收入不平等现象，剥夺各级政府和公司从通货膨胀中捞取的非法利益，从而杜绝搞通货膨胀的动机。

不过，弗里德曼不得不承认，"收入指数化"并非万应灵丹，它不可能使所有的合同契约（包括政府与个人之间的默契，即个人都接受政府通货）都随物价变动而调整，并且这种办法还减少了在交换中使用货币的便利。但他还是坚持说，虽然收入指数化不是最好的稳定价格的办法，可是同那种让某些集团受到通货膨胀的损失大于其他集团的情况相比较来看，它还是较公平的。

其实，"收入指数化"根本无法抵销物价波动对收入的影响，也不可能消除"不平等现象"。大家知道，官方编制的消费物价指数，往往人为地压低消费品和劳务的价格上涨幅度，所调查的消费品构成又带有局限性和片面性，不能反映消费品价格变动的实际情况；而且指数编制和照指数调整收入总有一定时间间隔，但在通货膨胀中，物价上涨则是时间快，幅度大，无论如何不可能按照物价指数对收入进行经常调整。由此得利的总是垄断资产阶级及其政府，受害的是广大劳动人民。在弗里德曼以前，早在二十世纪初，美国劳工部就已开始编制消费物价指数。这不是没有原因的。所谓"收入指数化"，虽然资产阶级经济学家希望它会实现"公正"，造成"收入均等化"，可是实际上它不过是掩盖通货膨胀对劳动人民的浩劫，加强资产阶级的统治和剥削而已。

3. 浮动汇率制

既然货币供应率稳定增长的政策对付不了国际经济条件下的通货膨胀，弗里德曼又提出了"浮动汇率制"，来对付世界性通货膨胀问题，并且坚决反对凯恩斯主义的"固定汇率制"，认为它是引起世界性通货膨胀的原因之一。

首先，我们来看看什么是"固定汇率制"。战后，美国成为世界上最大的债权国，拥有资本主义世界黄金储备总额的一半以上，并且它的国际收入和对外贸易都有大量顺差。为了建立以美元为中心的资本主义世界货币体系，美国利用"国际货币基金组织"的规定，使其他资本主义国家实行固定汇率。这就是说，"国际货币基金组织"会员国的货币平价，一律以一定数量的黄金或美元来表示，而黄金与美元的比价是1944年7月在布雷顿森林会议上规定的，即一盎司黄金等于35.0875美元，亦即1美元等于0.888671克黄金。各会员国货币与美元的法定汇率不经这个组织的同意，不得改变，即期外汇交易不得超过或低于法定平价的1%，否则，各会员国政府有义务动用本国的黄金外汇储备来稳定法定汇率。这就是所谓"固定汇率制"，是战后时期直到七十年代初，资本主义各国用以维持世界资本主义货币体制的一种办法。

这种固定汇率制是以国家干预论为基础的，弗里德曼竭力加以反对，这是不奇怪的。为此，弗里德曼提出了以自动调节为基础的浮动汇率制。所谓浮动汇率，是指一国货币对另一国货币在外汇市场上根据供求关系自由波动的汇率。当供过于求时，汇率就下降；求过于供时，汇率就上浮，汇率的波动已经没有官价的上下限。弗里德曼认为，实行"浮动汇率制"，各国的国际收支平衡问题就可以靠汇率的自动升降来解决。这不仅有利于国际金融市场的稳定，而且能够促进国际贸易和国际信贷的发展。

早在五十年代后期，弗里德曼就已反对"双挂钩"（美元同黄金挂钩，各国货币同美元挂钩）的固定汇率制，主张实行浮动汇率制。他当时就认为，世界各国实行固定汇率制，不按照过去金本位的自动调节原则来浮动汇率，是错误的。他预言固定汇率制必将破产，而自由浮动汇率才是维持一体化的、较好的国际经济手段。但他的这个意见，在当时并未引起资产阶级经济学界和各国政府的重视。

六十年代初，弗里德曼进一步指出，浮动汇率是一种自动机制，可以保护国内经济不受国际收支严重失衡的损害。实行这种制度，既能保证国际贸易平衡发展，又不妨碍国内重要目标的实现。他还认为，浮动汇率不一定就是不稳定汇率，因为汇率不稳定，不过是整个经济结构不稳定的症状。如果企图用行政管理办法，强制实行固定汇率，那就不仅不能从根本上医治这种病症，反而使汇率的调整更加困难。

七十年代以来，当主要资本主义国家发生战后最严重的经济危机（1974—1975 年）和通货膨胀的时候，弗里德曼再次强调，各资本主义国家所以普遍发生严重的通货膨胀，原因之一就是："力图维持固定的汇率，这就导致一些国家，特别是联邦德国和日本，从美国'输入'了通货膨胀。"①

---

① 《货币矫正》，《通货膨胀与指数化论文集》，1975 年，第 27 页。

六十年代末七十年代初，由于欧洲美元泛滥，加上美国从五十年代后期起就进入了持续的通货膨胀时期，国际收支状况不断恶化，引起美元危机频频爆发，1971 年 12 月和 1973 年 2 月，美元先后两次正式贬值，引起西方外汇市场极度混乱，各国货币无法维持对美元的固定汇率，纷纷实行自由浮动，以美元为中心的西方货币体系终于宣告崩溃。弗里德曼主张的"浮动汇率制"，至此已经见诸事实。这样一来，弗里德曼的声望大大提高了。据说，这是他能够获得 1976 年诺贝尔经济学奖的原因之一。

然而，在浮动汇率制下，汇率的波动幅度仍然很大，反而助长了外汇投机，有时还不利于国际贸易的进行。正如美国前国务卿基辛格在《拯救世界经济》一文中指出的："总而言之，单方面地作出有关汇率的决定已经严重地影响到世界经济和许多国家的利益。前景的不可预测促进了投机活动。浮动汇率助长了不平衡，而不是去调整不平衡。"①因此，现代货币主义者也不得不承认，实行浮动汇率对于"克服"世界性通货膨胀来说，并不是治本的方法。究竟怎样才能"消除"世界通货膨胀呢？现代货币主义者同凯恩斯主义者一样，也是一筹莫展，提不出什么好办法来。因为在资本主义制度下；不管采取何种政策，都不可能消除经济危机、失业和通货膨胀。

4. 负所得税

大家知道，凯恩斯主义宣扬"福利国家"理论，主张对低收入者发给差额补助金，以维持其最低生活水平，借此鼓励消费以扩大有效需求。现代货币主义者则反对这种主张，认为它不利于提高社会经济效率，但是，他们也不敢完全取消已有的福利制度，只能要些花招来加以限制。因此，他们建议用"负所得税"来代替现行的社会救济制度。

所谓"负所得税"，实际上就是政府发给的补助金。它是指政府规定某种收入保障数额，再恨据个人实际收入多少，按比例给以补助。计算"负所得税"的公式如下：

---

① 载《人民日报》1983 年 1 月 29 日。

　　负所得税＝收入保障数额－（实际收入×负所得税率）

　　计算出负所得税后，个人的总收入（个人可支配收入），就可以计算出来：

　　　　个人可支配收入＝个人实际收入＋负所得税

　　例如，假定政府规定收入保障数额为 1500 美元，负所得税率为 50%，那么，某个有实际收入 1500 美元的人，将得到补助（负所得税）750 美元〔1500－（1500×50%）〕，他共有收入（可支配收入）2250 美元（1500＋750＝2250）。为了说明不同实际收入的人得到不同的补助，兹列表如下：

个人实际收入	负所得税（即政府给予的补助）	个人可支配收入
0 美元	1500－0＝1500 美元	1500 美元
1000 美元	1500－（1000×50%）＝1000 美元	2000 美元
1500 美元	1500－（1500×50%）＝750 美元	2250 美元
2000 美元	1500－（2000×50%）＝500 美元	2500 美元
3000 美元	1500－（3000×50%）＝0 美元	3000 美元

　　按照上述办法，收入为 0 美元的，可得到 1500 美元补助；收入为 3000 美元以下的，得到的补助不等，个人可支配收入也不一样；收入达到 3000 美元的就不给补助了。根据物价和其他实际情况，收入保障数额和负所得税率是可以调整变化的，但基本原则是不变的。

　　在弗里德曼看来，如果把贫民和低收入者的收入，一律提高到某种标准线，由政府按其差额给予补助金，那就会鼓励懒汉，其后果是严重的。他认为，负所得税方案在一定程度上纠正了这种弊病，能发挥自由市场的作用，提高经济效率。

　　弗里德曼所谓补助金鼓励"懒汉"，挫伤"积极性"，纯粹是无稽之谈。事实上，美国千百万失业大军，穷困潦倒，觅职不得，何"懒汉"之有?! 而且，资本主义国家社会福利的范围和数额，远不能满足工人群众的迫切需要，大批失业者、残废者、老人、孤儿、病人等都领不到维持最低生活所必需的救济金。一般美国人对社会保险越来越不满意，工人抱怨他们的工资税不断提高，而生活越来越没有保障，特别是失了业，就等于一场灾难；老年人诉说，他们的年金不足以糊口；妇女们则说，社会保险计划对他们是不公平的。资本主义社会福利如此菲薄，这是有其深刻社会经济根源的。列宁早已指出："资产阶级和资产阶级政府所遵循的不是逻辑，不是常识，而是赤裸裸的贪欲"，它们在社会福利方面，关心的是"少花钱，而不是使工人的生活得到'保障'"①。弗里德曼正是代表资产阶级的利益，关心的是"少花钱"，坚决反对社会福利和文化性质的政策和措施。在这里，再一次明显地暴露了现代货币主义的反动性。

(五)现代货币主义在英国的试验

我们知道，现代货币主义是从六十年代后期，特别是七十年代以来，由于各主要资本主义国家陷入严重的"滞胀"困境，凯恩斯主义完全破产的情况下，才时髦起来的。1979 年撒切尔夫人首次上台，在经济上面临的是通货膨胀率高、经济停滞、失业日增等"英国病"。要解决这些问题，当然不能再来取战后英国历届政府所举行的以凯恩斯主义为理论基础的经济政策，于是，撒切尔政府采取了以反通货膨胀为首要目标的现代货币主义政策。这一政策从控制货币供应量着手，使货币供应量的增长率同经济增长率大体相适应，其主要办法是削减公共开支和紧缩信贷；改革税收制度，全面降低个人所得税的基本税率，减征投资收入税、土地开发税和公司利润税等，但为了弥补因减税造成的损失，征收了间接税；对国家干预的方向和内容进行调整，把国家干预的程度和范围缩小到最低或最佳限度，精简政府机构，实行国有企业的非国有化，摒弃用法律干预工资标准的做法，给企业以较大的自由，等等。

近五年来的实践表明，撒切尔政府推行货币主义政策，没有也不

---

① 《列宁文稿》第 1 卷，第 128 页。

可能医治"英国病"。不过，物极必反，在国家干预过度引起了严重"滞胀"的情况下，采用主张自由市场经济的货币主义作为"缓冲剂"，是有可能减轻一点凯恩斯主义造成的"英国病"的。几年来，撒切尔夫人推行货币主义政策，取得了以下几方面的"疗效"：（1）通货膨胀率显著下降。撒切尔夫人上台前夕，通货膨胀率为 10.1%，从 1980年下半年起出现下降趋势，到 1983 年 5 月，通货膨胀率已下降为3.7%，成为西方通货膨胀率最低的国家之一。（2）国际收支扭亏为盈。1979 年英国国际收支有不少逆差，1980 年获得了 27 亿英镑的贸易顺差，最近两年又连续取得巨额顺差。（3）财政状况有所改善。英国政府公共部门借款需求从 1980 年至 1981 财政年度的 132 亿英镑，降至 1982 年至 1983 年度的 92 亿英镑。1983 年至 1984 年度预算赤字则计划控制在 80 亿英镑之内。

但是，这些"成绩"的取得，并不完全是现代货币主义的功劳。首先，这是资本主义经济周期的结果，资本主义世界经济在经过1979—1982 年严重危机以后，1983 年开始走向复苏，这是危机本身使再生产过程的矛盾得到暂时解决，被破坏的平衡得到暂时的恢复，这是西方国家包括英国、美国在内经济回升的根本原因；其次，撒切尔政府推行的除了货币主义以外，还夹杂了不少其他成分，已不是单纯的弗里德曼货币主义政策，而是如人们所说的撒切尔夫人货币主义政策了；最后，这种货币主义政策虽然获得了一定成绩，却是付出了严重代价才取得的。

究竟付出了哪些严重代价呢？最主要的是：（1）失业严重。自撒切尔夫人上台以来，失业不断增加，1979 年失业人数为 131 万，失业率为 5.4%，1980 年相应为 167 万和 6.9%，1981 年为 242 万和10.2%，1982 年为 279 万和 12%，1983 年的失业人数仍一直保持在300 万左右，这既增加了政府财政开支，又带来了许多社会问题，在很大程度上阻碍着经济的复苏。（2）工业生产停滞。从 1979 年 7 月到 1981 年 5 月，工业生产降幅为 14.9%，超过了 1974—1975 年的危机时期，成了 30 年代大危机以后最严重的一次危机。目前，英国工业生产虽有所增长，但增长幅度很小，而且工业产值的增长主要是靠原油等能源行业，制成品生产的增长微乎其微，从而减缓了英国经济回升的进程。由于投资少，资本需求呆滞，不但使企业生产活动放慢，而且造成许多企业倒闭破产。（3）劳动者生活水平降低，引起社会动荡不安。削减公共开支是控制货币供应量，从而抑制通货膨胀的一项主要措施。撒切尔政府大砍社会福利开支，目前英国的福利开支只有 70 年代的 33%，下降了 67%，1982 年每人福利费用为 2000 美元，仅相当于 1980 年 4000 美元的一半了。据报道，现在保守党政府又正在酝酿向"国民健康服务"这项全民福利事业开刀。可见，广大人民群众越来越穷困了。《星期日泰晤士报》曾指出："穷困的原因是复杂的，社会、经济和个人的因素交织在一起"，"但值得一提的是内阁决定削减国家救济金计划，而这些救济金是大多数穷人最为需要的。当然，人们懂得为振兴经济需要削减公共开支。但是，难道真的就非要这些穷人负担一个高达 1200 亿英镑的国家预算吗？"由于推行反通货膨胀的紧缩政策，特别是削减福利开支，引起人民群众强烈不满，大批失业，激起他们愤怒反抗。如 1982 年 7 月，包括首都伦敦在内的近 20 个城镇，暴发了持续四天之久的城市暴乱。1984 年春季，英国煤矿工人为抗议政府关闭一批不赚钱的煤矿，并削减二万人的计划而举行的罢工，算至七月上旬已持续了十八周之久。在失业威胁和生活水平下降的挑战下，英国工人的不满情绪正在增长，成为英国社会动荡不安的一个因素。

可见，现代货币主义并不是灵丹妙药，不可能医治"英国病"。货币主义者对通货膨胀和经济停滞所开的药方，是彼此掣肘和互相抵消的。为了降低通货膨胀率，必须减少公共开支和提高利息率，这就必然导致投资减少，失业增加，从而抑制了经济增长；反之，为了加速经济增长，又不得不扩大投资，增加失业救济和对企业的资助，这又捆住了削减开支和减税的手脚，从而使通货膨胀率上升。事实证明，在当前垄断资本主义时期，失业、危机、通货膨胀和生产停滞是不可避免的。这些问题不是资产阶级政府和资产阶级经济学家所能解决的，只有靠无产阶级起来推翻资本主义，建立社会主义社会，才能得到解决，舍此别无他法。

七、合理预期学派

（一）合理预期学派的产生

我们已经说过，六十年代末期，特别是从七十年代初以来，美国陷入"停滞—膨胀"的严重困境。资本主义经济矛盾进一步尖锐化，市场相对萎缩，生产能力大量过剩，失业大军不断扩大，劳动生产率增长停滞，利润率下降。这使得凯恩斯主义威信扫地，货币主义的影响与日俱增。但是，现代货币主义虽然在批评凯恩斯主义方面颇为成功，但它自己也提不出解决通货膨胀和救治资本主义的良方妙药。在这种情况下，美国又出现了所谓"合理预期"学派。

合理预期学派是由现代货币主义衍变而来的。他们主张自由市场经济，反对国家干预，反对通货膨胀政策。在这些方面，他们同现代货币学派是十分接近的，但也不完全一样。合理预期学派的特点，是强调预期的作用，主要是针对通货膨胀率预期提出论点和政策。

合理预期假说最初出现于 1961 年。在这一年，美国《经济计量学》杂志 7 月号上，约翰·穆思发表了《合理预期和价格变动理论》一文，提出了合理预期概念，穆思在这篇文章中写道，人们总是竭力按照以往一切有用的知识来进行价格波动的预测的，这种情况被称做合理预期。在六十年代，这一概念曾被用于货币市场分析。七十年代内，美国芝加哥大学教授罗伯特·卢卡斯和明尼苏达大学托尔斯·萨金特、尼尔·华莱士等人，对合理预期理论作了系统的表述。这样，合理预期理论作为西方经济理论最新发展的一个分支，引起了经济学界的重视，"预期革命"一词也正是在这个时期出现的。美国著名凯恩斯主义者萨缪尔森在 1980 年出版的《经济学》教科书(第 11 版)中指出,"经济论战过去是在两派之间进行的,即货币主义学派同执中的后凯恩斯学派之间的论战,现在则在三派之间进行了。"所谓执中的后凯恩斯学派,是指以萨缪尔森自己为代表的后凯恩斯主流派,所谓新参加论战的第三派,则是指合理预期派。萨缪尔森把合理预期学派同有影响的凯恩斯主义和现代货币主义并列,可见,合理预期学派已经独树一帜,引人注自了。不过,应当指出,由于供给学派当时还处于酝酿和开始形成之际,信奉供给经济学的里根尚未就任总统,供给经济学没有引起萨缪尔森的注意。但没有多久,供给学派很快就盛行起来。现在美国的经济论战,主要是在四派之间进行了。合理预期学派和供给学派刚刚出现,就受到垄断资产阶级及其经济学者的重视,这说明在资本主义日暮途穷,资产阶级经济学走投无路的情况下,任何一种"新学说"都被资产阶级抓住不放,以为可以振兴经济,使资本主义免于"全部毁灭"。

合理预期理论的基本论点是什么?为什么把这一理论的产生称做"预期革命"?究竟能不能救资本主义的命呢?下面就来分析这些问题。

(二)合理预期学派的主要经济观点

合理预期学派是在同凯恩斯主义、现代货币主义的论战中产生的,在评述合理预期学派的经济观点时,把它同凯恩斯主义、现代货币主义加以对照,就更加容易看出这些观点的实质和意义。

1. "合理预期"概念

什么叫做"预期"呢?简单说来,预期是指对未来价格波动的预测。讲详细一点,就是经济活动的私人经济,例如工人、消费者和企业家,他们对当前的行动作出决定之前,总要对将来的经济形势和经济变量,主要是对价格波动,作一个估计或预测,这就是预期。

在分析经济现象时使用预期因素并不是新鲜事,在资产阶级经济学中，经常可以看到用预期因素描述经济现象，特别是在所谓动态分析中，都把预期因素的分析列为一个基本的论题。例如，马歇尔在分析均衡价格时，用"等待"一词代替西尼耳的"节欲"一词，认为资本的供给价格取决于"等待"，所谓"等待"也就是"预期"。凯恩斯的资本边际效率，就是指增加一笔投资"预期"可以得到的利润率。在凯恩斯看来，人们对于将来的现有知识缺乏可靠基础，因而对不确定的将来所作的判断，也是不可靠的，容易发生突然的、剧烈的修改，甚至从极度乐观一变而为极度悲观。因此，凯恩斯的所谓预期是盲目的、变化不定的预期，他把它看成为经济不稳定甚至是周期波动的原因。瑞典学派在自己的动态分析中，也都重视预期问题的探讨。在缪尔达尔看来，企业家的预期，包括对未来收益的预期和对实际获得此种收益机会的预期；企业家根据自己的收益预期，再参照市场利息率，然后才决定投资。缪尔达尔把收入、支出、储蓄、投资等经济变量，区分为"事前的变量"和"事后的变量"，这是对预期理论的进一步发展。我们知道，现代货币主义的主要代表人物弗里德曼也十分重视预期因素的作用。不过，所有这些对预期因素的分析，都还没有形成一个独立的学派。只有合理预期学派才把预期因素提高到了理论的高度，并加以系统化，形成一个独立的体系。

在资产阶级经济学中，预期概念有两种："适应性预期"与"合理预期"。合理预期学派所强调的是后一种预期。

所谓"适应性预期"，是指人们一步一步修改自己对未来前景的看法，以适应物价的变动。就是说，人们在进行预期时，事先没有掌握足够的信息，没有经过严密的思考和仔细的判断，因而处于被动的地位，只能随着客观情况的变化而调整自己的预期，以适应已经变化了的经济形势。在合理预期理论出现以前，资产阶级经济学界流行的就是这种适应性预期概念。与"适应性预期"概念不同，合理预期学派提出了"合理预期"概念。正是这种变化，被称之为"预期革命"。

那么，什么是合理预期呢？简单地说，当人们的预期符合实际上将会发生的事实，就是合理预期。也就是说，合理预期是指人们在进入市场以前，已经充分了解以往的价格变动情况，进入市场以后，又把过去的信息同现在的信息综合在一起，然后根据这种信息对未来的价格变动作出预测。这样，人们就不会因市场上的价格变化而受到欺骗，其决策是有根据的，不会轻易地加以改变。在合理预期条件下，人们处于主动的地位，即使市场上会出现各种干扰因素，发生某些偶然情况，仍然可以事先计算出它们的概率分布情况，作出明智的处理。如房东在出租房屋时，估计到未来物价可能上涨多少，就把这种上涨数预先计算在房租之中。根据同样的道理，债主在放债时，雇工在议定货币工资率时，供货者在签订供货合同时，都估计到未来的价格波动，而事先打一个"埋伏"，把利息率、货币工资率、商品价格定得高一些，以免将来吃亏。

在合理预期学派看来，政府预定的政策效果，会被合理预期的作用所抵消。这是因为政府的决策不如公众的决策那样灵活和及时。甚至会出现这样一种情况：政府刚想采取某种政策，它的意图就被公众看透了，公众乃采取预防性措施，结果，政府不得不放弃实行这种政策的原有打算。根据合理预期理论，任何形式的国家干预经济的政策，归根到底都是徒劳无益的，甚至是有害的。要使经济保持稳定，唯一有效的办法是听其自然，"无为而治"，即政府不干预私人经济活动，一切让市场经济自发调节。由此可见，合理预期学派比新自由主义中的其他学派（如现代货币主义、供给学派、弗莱堡学派）更为彻底地反对国家干预，更加强调市场经济的作用，认为市场的自发调节是稳定经济的唯一有效的方式。

毋庸置疑，人们在经济活动中总是要进行预期的，并且它有助于当前行动的决策。在科学技术迅速发展的今天，特别是在社会主义社会，进行科学的预期是可能的，而且也是必要的。但是，社会经济生活是十分复杂的，充满了"不确定性"，何况在资本主义私有制下，无政府状态占统治地位，就是专门从事预测的研究机构，运用先进的电子计算技术所作出的预测，都不可能准确无误，有的甚至是很错误的。令人吃惊的是，1981年、1982年、1983年连续三年，除个别预测单位和个人外，预测都是错误的。他们对于1981年的预测，都没有估计到美国经济又一次陷入持久的衰退。政府预测1981年经济增长 3.5%，实际上只增长 1.9%。《商业周刊》调查的三十三位经济学者和十家经济计量模型预测，都估计 1981 年下半年经济急剧上升，而实际上从七月开始，生产持续下降。1981 年底，经济界认为美国经济到 1982 年初就会开始回升，实际上危机到 11 月才到谷底，年底才见回升。政府机构预测增长率为 3%，失业率为 8.4%，通货膨胀率为 7.5%，而实际上分别为 1.8%，9.7%，6%，相距甚远。《商业周刊》调查三十位经济学者和十一家经济计量模型预测的各项指标，同实际指标相差也很大。对于 1983 年的预测更是错误百出，真有点像瞎子摸象。至于一般公众，他们的预期的形成是一个心理过程，不仅受财政、货币政策的影响，还要受国内外经济、政治形势和各自的阶级利益的影响，更不可能作出科学的预期。所谓一般公众和私人经济机构形成预期时和政府制定政策时，利用了同样多的信息，甚至更加灵活和及时，这是不符合实际的。可见，合理预期概念本身就是不合理的，在此基础上提出的一系列论点，当然也是不能成立的。

2. 货币理论

合理预期学派在反对凯恩斯主义和现代货币主义的货币理论的基础上，提出了货币"中性"理论。

大家知道，凯恩斯主义否定传统的新古典学派（即旧自由主义）关于货币如同"面纱"的概念。所谓"面纱"，是指掩盖生产与流通领域的"实际"过程，并对它不发生多少明显的影响。凯恩斯提出了关于货币因素在行情形成中起潜在积极的和重要的作用的原理，以代替关于货币制度"中立性"的论点。当货币主义者指责凯恩斯主义忽视了货币的作用时，凯恩斯主义者争辩说，他们并没有忽视货币的作用。的确，凯恩斯主义者承认"货币也要紧"，货币政策能起重要作用。他们认为，中央银行应该"逆对经济风向行事"，即在经济衰退时，扩大货币数量和降低利息率；在经济高涨时，减少货币数量和提高利息率。同时，他们强调财政政策很重要，也应"逆对经济风向行事"，即在经济衰退时，扩大政府开支和降低税率；在经济过热时，减少政府开支和提高税率。凯恩斯主义虽然认为"货币也要紧"，好的货币政策能够影响实际生产量的提高，但坚决反对"唯有货币要紧"的观点。

现代货币主义则坚持"唯有货币要紧"的论点，认为货币及其周转不仅是理论分析的主要课题，而且是预测的出发点和经济政策的主要手段。弗里德曼认为，如果忽视货币的作用，在分析经济的变动时，可能犯严重的错误。他还认为，货币数量是决定物价水平和国民经济总产值的唯一因素，货币政策是最有效的政策。但他反对"逆对经济风向行事"，反对政府对经济进行干预，认为这样做非但不能稳定经济，反而会加剧经济的不稳定。他认为最好的办法就是按固定的货币增长率(每年增长 4% ~5%)来扩大货币的数量。除此之外，由市场和价格机制充分发挥作用，让利息率、失业率、价格水平自由调节，来达到经济的稳定。如果采取其他货币政策，将造成严重恶果。

合理预期学派既反对凯恩斯主义关于好的货币政策能够积极影响实际产量的理论，也反对现代货币主义关于坏的货币政策能够造成严重恶果的观点，认为货币是中性的，货币不可能对经济生活中的实际产量或实际收入产生系统的影响。只是在公众掌握的信息不充分，对价格的预期出现误差的情况下，也就是公众对未来价格的变动趋势判断不准的情况下，货币才对产量或收入暂时发生影响。但一旦公众根据信息作了周密的思考，调整了预期，那么这种影响就会减弱或消失。在合理预期学派看来，经济的运行有它自身的规律性，它主要受人们的心理活动(预期)的支配，不受外界力量(包括货币的力量)的驱使。

3. 关于货币与利息率的关系

凯恩斯主义者把利息看作是"纯货币"现象。他们认为，假定其他条件不变，货币数量增加，会使利息率下降，反之，货币数量减少，会使利息率上升。

与此相反，现代货币主义认为，货币数量增加，最终将使利息率上升，相反，货币数量减少，最终将使利息率下降。在现代货币主义者看来，货币数量增加，人们就会用多余的货币去购买各种物品，其中包括购买各种债券。由于抢购债券，就会引起债券价格上升，这意味着债券的实际收益下降，从而利息率下降。这就是说，货币数量增加，在短期内会使利息率下降。但从长期来看，随着物价水平的提高，贷款人会要求提高利息率，以补偿其在本金方面所预期的贬值，因而将使利息率上升。

现代货币主义的这种理论，是以中央银行突然地、出乎意料地提高货币增长率为前提的。合理预期学派认为，这种假定前提是不符合实际的，实际上，中央银行总是按照某种连续一贯的准则来决定货币政策的。既然如此，公众就会掌握它的规律性，并依此形成对通货膨胀的预期而采取相应的对策，使利息率的暂时下降，也成为不可能的事。他们还认为，政府的政策如果是突然性的，公众可能事先没有料到，只得在事后采取适应性措施，但吃一堑，长一智，上当受骗一次，也就积累了经验，政府下一次再实行类似的突然性的政策，就会无效了。他们由此得出同凯恩斯主义和现代货币主义不同的结论：由于公众的合理预期，中央银行对货币增长率的变动，不能也不会影响利息率。

4. 关于通货膨胀与失业的关系

在凯恩斯主义看来，失业率和通货膨胀率（或物价上涨率）之间存在着此消彼长、互相替换的关系。就是说，失业率较低的年份，通货膨胀率必然较高；反之，要降低通货膨胀率，就必然引起失业增加。凯恩斯主义者认为，这种关系可以用菲利普斯曲线来表示。

所谓"菲利普斯曲线"，是在英国伦敦政治经济学院任教的澳大利亚教授菲利普斯于1958年提出来的。我们在上一章已经说过，菲利普斯曲线表明，多一点失业，就可能少一点通货膨胀；相反，多一点通货膨胀，就可能少一点失业。如在下图中，假定4%以下的通货膨胀率和失业率是"社会可以接受的"，那么，图上的方框内就是"安全范围"，在这个范围内，如在b、c点上，政府不必管它，若超出这个范围，如在a、d点上，政府就应当进行干预。例如，当经济活动处于方框之外的a点上，这说明通货膨胀率太高（7%），此时，政府就应当采用紧缩办法，把经济活动往下拉回方框里（通货膨胀率低于4%），但这会引起失业率的扩大。反之，当经济活动处于方框之外的d点上，这说明失业率太高（7%），此时，政府就要采取通货膨胀办法，把经济活动朝上推回到方框里（失业率低于4%）。只有当经济活动处于方框之内，才算达到了理想境界，政府可以高枕无忧。

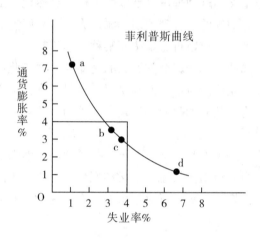

现代货币主义者坚决反对凯恩斯的这种理论，认为菲利普斯曲线所表示的通货膨胀与失业的交替关系，充其量只存在于短期内的暂时现象，从长时期来看是不存在的。在弗里德曼看来，这是因为通货膨胀之后，工人在短期内没有感觉到实际工资的下降，而资本家已经感觉到了，并认为这对自己有利，于是他们增雇工人，扩大产量。但过了一段时间，工人也感到了实际工资的下降，于是他们调整预期，要求提高货币工资，这又使实际工资恢复原状。货币工资上升后，资本家感到增雇工人不能使自己得到好处，于是把增雇的工人解雇，这样，失业率也就恢复到原来的水平。现代货币主义由此得出结论说：从长期看，不管采取什么样的通货膨胀办法，都不能消灭失业。

而在合理预期学派看来，甚至在短时期内，也不存在菲利普斯曲线所表明的那种通货膨胀与失业的交替关系。这是因为，由于有了合理预期，工人对未来的价格波动有了思想上的准备，他们同资本家议定货币工资率时会采取预防性措施，如预先要求提高货币工资，因此，虽然发生了通货膨胀，但实际工资率并未下降，因而资本家不会增雇工人。所以，即使从短时期看，失业率也不会因通货膨胀而降低。

(三)合理预期学派的政策主张

根据合理预期理论，任何国家干预经济的政策和措施，归根结底都是徒劳无益的。要使经济保持稳定，唯一有效的办法是听其自然，"无为而治"。从这里可以看出，如果说合理预期学派有什么政策主张的话，就是反对政府干预经济的政策。

一方面，合理预期学派坚决反对政府干预论，反对凯恩斯主义的财政政策和货币政策，认为"货币政策和财政政策的主要任务，就是为私营经济提供一个稳定的可以预测的环境"。认为如果政府不进行干预，经济会基本上趋于稳定。不然的话，反而产生不良后果。卢卡斯说："当扩张性的货币政策反复推行时，它不再能实现自己的目标。推动力消失了，对生产没有刺激作用。期望生产能扩大，但结果却是通货膨胀，而不是别的。"①在合理预期学派看来，增加货币供应最终只能引起物价上涨，而不能扩大生产和降低失业率；实行减税，最初可能使人们增加消费和投资，但再次减税时，人们预期政府不得不更多地举债，将来的赋税会更重。因此，人们就不会像第一次减税时那样去增加消费和投资了。基于这种看法，合理预期派主张把货币供应量的年增长率固定下来，制定能使预算平衡的税率，这些同现代货币主义的主张基本上是一样的。

另一方面，合理预期派认为"市场比任何模型都更聪明"，坚决主张一切让市场经济自发调节，久而久之、公众对政府产生了信任感，也就不事先采取预防措施了。即使政府要实行干预，采取某一措施，也不要太多地加以变更。他们举例说，如果政府向公众宣布一个坚决降低货币增长率来制止通货膨胀的政策，并且坚持下去，公众就

---

① 美国《幸福杂志》，1978 年 12 月 31 日。

会认为这项政策完全可以信赖，从而解除防范心理，不再采取预防性措施。这样，物价可以稳定下来，失业不会增加，生产不会下降。否则，公众不信赖政府，人人提防对方，人人都在经济活动中计算概率分布情况，给自己"打埋伏"，增加"保险系数"，先求"保本"，再争取较好的结果。这样，在合理预期支配着人们的行动的情况下，整个社会的经济活动就会变得异常复杂，难以预料，不可捉摸。一旦经济中发生了波动，就会加速地进行下去。合理预期成了使经济波动不断激化的因素。

总之，在合理预期学派看来，应当考虑合理预期因素的作用，使政策从目前的朝令夕改转向长期不变，以便"取信于民"，从目前的多方面调节转向简单规则，最终转向"无为而治"，实现"天下太平"。

由于合理预期学派的历史比较短，由于他们主张自由放任，提不出积极的政策主张，他们的消极对策又不能解决资本主义的严重问题，因此，合理预期理论目前对资本主义国家的经济政策的影响并不大。不过，在当前西方未来学、预测学日益兴盛之际，对预期理论不应忽视，应当注意"预期革命"对西方经济理论发展的影响。

合理预期学派是一个资产阶级经济学流派，它同其他资产阶级经济学流派一样，讳言资本主义基本矛盾，回避这一矛盾的激化是造成经济危机，通货膨胀和失业的真实原因，而把这些归咎于人们心理因素的作用，这就歪曲了资本主义社会经济的实际情况，自然提不出什么切实可行的解决办法。这个学派还宣扬资本主义制度能够自行维持稳定，似乎只要政府放弃对私人经济的干预，资本主义的一切"弊病"也就会自行消除。这不过是重复凯恩斯以前的传统的自由经营论罢了，并没有什么新东西。实际上，资本主义发展到垄断资本主义，特别是国家垄断资本主义阶段，要回到完全自由放任的政策上去，是不可能的。现代化的大生产，在客观上要求政府干预来协调各种经济活动，各个垄断资本集团的不同利害关系和劳资矛盾，也需要政府采取措施来进行协调，来维护资本主义制度。所以，政府干预的方式、方向和程度可能会发生变化，但要完全摆脱政府干预，"无为而治"，则是不可能的。

八、供给学派

(一) 供给学派的产生

供给学派的经济理论，属于当代西方新型自由经营论这一经济思潮。它和现代货币主义、合理预期学派一样，也是在凯恩斯主义破产的情况下产生和发展起来的。

在资本主义自由竞争阶段，资本主义国家一般都采取自由放任政策，对周期爆发的经济危机，主要是依靠资本主义自身内部的力量——市场作用的自动调节来解除的。与此相适应，资本主义国家占统治地位的资产阶级经济学说，是从萨伊到马歇尔的旧的自由经营论，这种学说从萨伊定律(供给可以自行创造需求)出发，认为自由竞争的资本主义可以通过市场价格机制的自动调节，使一切资源得到充分利用，从而实现充分就业均衡，认为不论供给(生产)高达什么水平，都不愁需求不足，不怕商品卖不出去。它把产品的实现和充分就业当作是资本主义社会的必然趋势，而把危机和失业看成是一种局部的或偶然的现象，根本否定普遍的生产过剩经济危机。在一百多年的历史时期中，这种理论对资本主义经济的发展曾起过一定的作用。但是，资本主义从自由竞争走向垄断，面对着大规模的失业和严重的生产过剩经济危机，特别是 1929—1933 年大危机，自由放任政策已经行不通了，萨伊定律和马歇尔的新古典经济学说也一筹莫展了，于是就产生了凯恩斯主义。

凯恩斯在《就业、利息和货币通论》中否定了"萨伊定律"和"无危机理论"，并以"需求能够创造自己的供给"的"凯恩斯定律"来代替

"萨伊定律"。如我们在上面已经说过的，凯恩斯公开承认资本主义不可避免地存在着经济危机和"非自愿失业"，并把这些归咎于"有效需求不足"，即消费不足和投资不足。因此，要解决危机和失业问题，就要扩大"有效需求"，但他认为，仅靠自由市场经济的自发作用是做不到这一点的，必须依靠国家对经济实行干预和调节。凯恩斯主义的这些理论，强调了国家的作用，为帝国主义的经济政策提供了理论依据，适合垄断资本主义发展的需要，在一定程度上缓和了市场与生产的矛盾，暂时减轻了周期性危机的严重程度，再加上战后科学技术革命突飞猛进，使得资本主义经济迅速增长。因此，凯恩斯的理论和政策，被称为一场像"哥白尼在天文学上、达尔文在生物学上、爱因斯坦在物理学上一样的革命"。他的《就业、利息和货币通论》被奉为"资本主义的圣经"，凯恩斯本人被捧为"战后繁荣之父"，战后经济发展时期被歌颂为"凯恩斯时代"。战后资本主义经济的迅速增长，原因很多，其中凯恩斯主义是起了一定作用的。

但是，凯恩斯主义在统治资产阶级经济学界三四十年之后，即从六十年代末七十年代初以来，由于资本主义经济出现"滞胀"局面，陷入了深刻的危机。"滞胀"的产生，在很大程度上是由于长期推行凯恩斯主义赤字政策所造成的。这时，国家垄断资本主义的发展几乎达到了它的极限，资本主义经济已经陷入顾此失彼、进退两难的困境：为了延缓危机和减少失业而实行扩张政策，势必加剧通货膨胀；为了抑制通货膨胀而实行紧缩政策，又必然加深经济的停滞和引起失业的增加，甚至会触发更加严重的危机。现在，轮到凯恩斯主义一筹莫展了，西方经济学界对凯恩斯主义普遍发生了怀疑或提出挑战，甚至大兴问罪之师。正是在这种历史背景下，供给学派作为凯恩斯主义的对立面和"替代物"应运而生了。

供给学派的主要倡导者是：哥伦比亚大学教授孟德尔，南加利福尼亚大学教授拉弗，哈佛大学经济学教授和马萨诸塞州国家经济研究局局长费尔德斯坦，美国《华尔街日报》主编巴雷特，原任《华尔街日报》社论版撰稿人、现任综合经济咨询公司总经理万尼斯基，曾任《华尔街日报》社论版副编辑、现任乔治城大学教授罗伯茨，国际经济政策研究中心研究项目主任吉尔德，纽约大学教授、《公共利益》杂志编辑克里斯托尔等美国经济学家。

孟德尔最初提出增加供给、提高生产率来促进经济增长，反对凯恩斯主义政府干预经济、刺激需求的政策。巴雷特、罗伯茨、万尼斯基等十分赞赏孟德尔的观点，他们在七十年代初，以《华尔街日报》社论版为阵地，开始宣传这种观点，并进而论证通过大幅度减税，刺激储蓄和投资，以促进生产和抑制通货膨胀的政策主张。1974年，同意孟德尔观点的拉弗，发表了"拉弗曲线"。因此，七十年代初，标志着供给学派的产生。1976年春，曾任尼克松政府经济顾问委员会主席的斯坦在一次讲话中，把这种同需求相对立并单方面强调供给的经济学家讽喻为"供给学派"。两个月后，《华尔街日报》在一篇社论中借用了这一名称，因此而正式有了所谓供给学派。1977年，美国众议员肯普和参议员罗斯联名向国会提出了"肯普—罗斯减税法案"。这个提案是根据供给学派的论点并由这一学派的主要倡导者罗伯茨起草的，它虽未被国会通过，但获得了不少议员的支持，以后成为共和党经济纲领的一个重要支柱，可以说，这标志着供给学派时兴起来了。1981年，里根就任美国总统，供给学派骤然得势，其理论成了美国政府的官方经济学。

里根在当总统以前，就已深受拉弗思想的影响，坚决拥护"肯普—罗斯减税法案"。在竞选总统期间，他多次声明信奉供给经济学，并据以制订竞选总统的经济纲领，从而为他赢得不少选票。这是因为，供给学派的论点和主张，特别是减税政策，不仅符合美国垄断资产阶级的利益，而且也迎合了一些饱受通货膨胀、失业和繁重捐税之苦的广大人民的心理。里根当选总统以后，对许多供给学派经济学者委以重任：任命罗伯茨为负责经济政策的财政部助理部长，屠利为负责税务政策的财政部长帮办，斯托克曼为行政管理和预算局长。他的财政部长里甘、副部长杜莱，也都赞成和支持供给学派的理论和政策。里根还把供给学派学者拉弗、费尔德斯坦拉入总统经济顾问委员会。费尔德斯坦1982年任美国总统经济顾问委员会主席，并被称为"美国经济学界的超级明星"（《时代》周刊），有的西方经济学者认为，只有费尔德斯坦的主张，才是"里根经济政策的理论基础"。里根政府在这些人的支持下，很快制定了一个以减税为核心的"经济复兴计划"。这个计划体现了供给学派的主要论点和政策主张，从此供给学派在美国经济学界成了暴发户，喧嚣一时，并为整个西方经济学界所注目。

（二）供给学派的主要论点和政策主张

供给学派的形成和发展，时间比较短，还不是一个成熟的经济学流派。它缺乏严密的、明确的体系，在许多方面是很紊乱，甚至是自相矛盾的，学派内部也不统一，在许多问题上看法不一致，如供给学派的主要代表人物费尔德斯坦和拉弗在某些问题上就存在着明显的分歧，费尔德斯坦曾尖锐批评拉弗使里根政府醉心于减税的快速效应，严厉指责拉弗关于减税会很快结束多年来的高通货膨胀率和低增长率的错误。但尽管如此，供给学派在一系列重大问题上，观点是基本相同的。

1. 鼓吹"萨伊定律"，反对国家干预

大家知道，萨伊是十八世纪末十九世纪初法国资产阶级庸俗经济学家。在当时法国资本主义经济迅速发展的情况下，萨伊为了说明资本主义再生产过程中并不存在矛盾，自由竞争可以保证资本主义顺利发展，提出了自己的"销售理论"。他写道："在以产品换钱，钱换产品的两道交换过程中，货币只是一瞬间起作用，当交易最后结束时，我们将发觉交易总是以一种货物交换另一种货物。"[①]在萨伊看来，既然货币是在交换的一瞬间起着媒介作用，而产品总是用产品来购买，所以买主同时也就是卖主，买和卖是完全统一的。从整个社会来看，供给总额也是和需求总额完全相等的。因此，萨伊又断言："当一个产品一经产出之际，即在它自己的全部价值限度以内为另一个产品提

---

① 《政治经济学概论》，商务印书馆，1963 年，第 144 页。

供了市场", "是生产开辟了对产品的需求"①。即是说, 在政府不加干预的市场经济中, "供给可以自行创造需求", 在资本主义经济中不会出现长期的购买力短缺, 不可能发生生产过剩的经济危机。萨伊吹嘘他的这种"销售理论"是一个伟大的发现, 资产阶级经济学家把它称之为"萨伊定律"。

其实, 所谓"萨伊定律", 是建立在完全错误的理论基础之上。马克思对它进行过彻底的批判, 轻蔑地将这种认为"商品流通必然造成买和卖的平衡"的观点, 斥之为"一种最愚蠢不过的教条"②。"萨伊定律"不仅混同了资本流通和简单商品流通, 而且又把简单商品流通归结为物物交换。这显然是错误的。我们知道, 在物物交换中, 买和卖是直接统一的, 供给和需求是相等的, 不会发生买卖脱节, 因而不会出现生产过剩的危机。但是, 当货币产生以后, 商品流通取代了物物交换, 买和卖就被分成两个独立的行为, 当卖者出卖之后不继之以购买, 把货币贮藏起来, 经济危机的可能性就存在了。到了资本主义社会, 由于资本主义基本矛盾的激化, 生产过剩的危机就成为现实的了。资本主义经济发展的历史, 特别是三十年代的大危机, 宣告了"萨伊定律"的完全破产。

凯恩斯吸取了大危机的经验和教训, 根据他对总供给和总需求关系的现实分析, 否定了萨伊定律, 提出了截然相反的论点: 需求能够创造自己的供给, 即所谓"凯恩斯定律"。在凯恩斯看来, 如果出现需求不足, 只要政府采取措施, 刺激需求, 经济就能稳定增长, 达到"充分就业"。随着凯恩斯主义的风行, 萨伊定律在资产阶级经济学中销声匿迹了。但是, 如我们已经指出的, 六十年代末七十年代初以来, 凯恩斯主义陷入了严重危机, "凯恩斯定律"也完全破产了。

在凯恩斯主义一筹莫展, 现代货币主义难以奏效的情况下, 供给学派出现在美国资产阶级经济学界。但它拿不出什么新货色, 只得乞

---

① 季陶达主编:《资产阶级庸俗经济学选辑》, 商务印书馆, 1963 年, 第115—116 页。

② 《马克思恩格斯全集》第 23 卷, 第 132 页。

灵于祖传法宝——"萨伊定律",把它作为自己的理论和政策的基础。供给学派的主要代表人物都是相信和推崇萨伊定律,反对凯恩斯定律的。吉尔德写道:"就全部经济看,购买力会永远等于生产力。经济具有足够的能力来购买它的全部产品,不可能由于总需求不足而发生产品过剩。从整体看,生产者在生产过程中会创造出对他们的产品的需求。"①拉弗也说:这个定律"不仅概括了古典学派的理论,而且确认供给是实际需求得以维持的唯一源泉",它包含着一系列带关键性的"经济真理"②。

萨伊还竭力宣扬自由竞争在资本主义经济中的调节作用。他认为,在自由竞争条件下,当某种产品过多时,价格就会下降,利润就会降低,生产者就必然减少这种生产;反之,当某种产品短缺时,价格就会上涨,利润就会上升,生产者就必然扩大这种生产。各种产品的供给和需求会趋于平衡,生产和消费不可能发生矛盾。可见,完全竞争的市场经济是萨伊定律的前提条件。同样,供给学派也主张让市场自动调节,反对政府干预经济活动。他们宣扬企业家的创造精神和自由经营活动是生产增长的关键性因素,市场调节的资本主义是充分利用生产资源,使企业家施展技能的最好制度。

应当指出,供给学派虽然以"萨伊定律"为圭臬,但并不是完全重复这一定律,不是简单地"复活"。由于历史条件不同,二者之间存在不少差异。例如,根据萨伊定律,总供给和总需求一定相等;而供给学派认为,当前的"滞胀"经济的症结在于供给不足,但供给能够创造自己的需求。根据萨伊定律,在资本主义自由竞争条件下,供给和需求会自动趋于均衡,而供给学派认为,在当代资本主义经济中,供求不能自动趋于均衡,必须通过政府的一系列措施(如减税、削减社会福利开支),刺激供给,才能使供求趋于一致。萨伊主张自由放任,反对一切国家干预;而供给学派并不是不要国家干预,而只是主张把国家干预的程度和范围缩小到最低或最适当的限度。可见,

---

① 《凯恩斯与萨伊的对立》,《经济影响》1981年第3期。
② 〔美〕《商业周刊》1980年12月22日。

正如我们在前面已经指出的，不能把新自由主义（包括供给学派）和凯恩斯主义对立起来。供给学派否定"凯恩斯定律"，也并不是全盘否定凯恩斯主义。

2. 主张经济刺激，特别是强调减税的作用

首先应当指出，"经济刺激"在不同的社会制度下有不同的目的和方法。在社会主义制度下，通过"各尽所能，按劳分配"的原则，实行物质鼓励和经济刺激，旨在充分地调动劳动者建设社会主义的积极性。而在资本主义制度下，所调经济刺激，虽然种类繁多，归根结底，无非是诱使和逼迫劳动者遭受更残酷的剥削，为资本家创造更多的剩余价值，维护和巩固资本主义制度。供给学派鼓吹经济刺激，正是抱着为资产阶级效劳这样一个目的。

供给学派既然认为供给能够创造自己的需求，那么，只要刺激供给，就能达到供求均衡，使经济不断地、稳定地增长。他们主张通过减税刺激储蓄和投资，通过增加个人收入刺激人们的工作积极性，通过减少规章制度刺激企业扩大生产和提高劳动生产率，通过减少政府开支（主要是社会福利支出）和干预刺激私人企业的经营积极性。在这些措施中，最重要的是减税。他们认为，降低税率可以最有效地刺激经济活动，减税能够促进经济增长。在他们看来，现在美国之所以投资不足，储蓄率太低，是因为政府的税率太高，减弱了对工作、储蓄和投资的刺激而造成的。因此，他们主张实行减税、增加个人收入和企业利润，以重新刺激私人和企业的工作、储蓄和投资的积极性。而生产的扩大，生产率的提高，反过来又会使政府的税额增加。这种思想，即税收和税率之间的这种函数关系，拉弗第一次把它画在直角坐标图上，表现为一条山形的曲线，这就是目前西方经济学界著名的拉弗曲线（如下图）。

坐标图上的横轴代表税率，纵轴代表税收。税率（%）从左至右计算，即 O 点为零，然后逐级增加至 B 时为 100%；税收从 O 点向上计算。税收与税率的函数关系呈山形曲线，即 OAB。当税率逐级提高时，税收就随之上升。税率提高到 OC 时，税收达到最高额 AC，

这时税率适度，税收最多，国民生产总值也最大。但税率超过 OC 时，则税收不仅不再增加，反而会减少；当升至 OB，即税率达到税率100%时，因无人愿意从事工作和投资，税收就降而为零。图中的 CAB 为"禁区"，在这个"禁区"中，提高税率会减少税收；而降低税率，不仅不会减少税收，反而使税收增多。

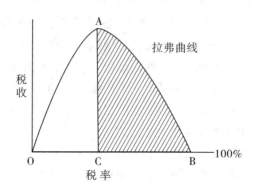

供给学派把拉弗曲线作为实行减税的理论依据，认为政府的税收应有一定的限度，在税收过高的情况下，只要持续地降低税率，就能刺激人们更勤奋地工作，增加储蓄，提高储蓄率和投资率，从而扩大生产与就业，增加商品与劳务的供给，促进经济的发展。而且，从长期来看，供给(生产)的扩大，会开辟新税源，扩大课税基础(国民收入)，因而税收总额可以随供给的增加而增加。供给学派把减税得到更多的好处和收入，比喻为"用糖浆比用醋能逮住更多的苍蝇"。

供给学派为了要大大减税，硬说美国当前的税率(累进所得税率、资本收益税率等)已经深深进入"禁区"。再不减税就不得了。不过，他们所要减的税，主要是对富人有利，特别是垄断资本家所应纳的税，而劳动者的税减得微乎其微。这是因为，在他们看来，富人的储蓄能力比穷人大得多，多减富人的税，才会多增加储蓄。例如，吉尔德就认为，只有富人才有足够的资金去刺激经济迅速增长，而又只有合理的税率才能诱使富人去投资。克里斯托尔甚至说，在西方社会里，某些人们的工作的确比另一些人做得好些，分配自然是不均等的，而且这是"公平的"。可见，供给学派是地地道道的为垄断资产阶级谋利益的代表。

3. 主张削减社会福利开支，向劳动人民反攻倒算

供给学派不仅主张减税，使大量剥削收入（剩余价值）装进垄断资本家的腰包，而且主张削减社会福利开支，直接向广大劳动人民开刀。

供给学派激烈反对社会福利支出的论调，不是什么新观点，他们不过是重复了马尔萨斯反对"济贫法"的那一套伎俩。所谓"济贫法"，是十七、十八世纪时英国政府制订的"救济"失业贫民的法律，企图以点滴的救济费来缓和被剥夺农民的反抗情绪，防止骚乱的发生。但连这样一项欺骗性的立法，马尔萨斯也是激烈反对的。因为在他看来，这将使穷人更加懒惰，同时，奴隶主可以而且应该需要多少奴隶就豢养多少，多一个也不应该留。马尔萨斯的主张和论证，深得地主阶级的赏识，但资产阶级并不敢完全废除"济贫"制度，因为后备穷人的存在，能有效地"调节"在业工人的工资，能保障扩大再生产所需要的劳动力。

供给学派怎样对待社会福利事业——现代的"济贫"制度呢？他们一方面攻击社会福利事业中存在"弊端"，如所谓社会福利制度的推行使官僚机构臃肿，非生产性人员增加；另一方面硬说社会福利起着抑制生产的作用，滋长穷人的依赖心理，简直成了资本主义罪恶之源！吉尔德公然说："失业保险制度鼓励人们失业；丧失劳动能力保险使患轻病者装作患重病，暂时性残废装作永久性残废；抚养儿童家庭补助造成更多的无父亲的家庭。"[1]费尔德斯坦也说：失业津贴"过高"促成了某些人的"惰性"，使其安于现状；靠救济度日，这只能"鼓励懒汉"，对社会不利。可见，供给学派和马尔萨斯何其相似乃尔！马尔萨斯的理论，又是供给学派经济学的另一来源。

其实，社会福利事业，根本不是资产阶级及其国家善心的表现，

---

[1] 《财富与贫困》，转引自〔英〕《经济学家》1981 年 3 月 7 日。

更说不上它会养成劳动者的依赖心理，它不过是工资的特殊形式，是生产资料所有者阶级(资本家)支付给劳动力所有者阶级(工人)的一部分工资而已。而且，资本主义社会的各种社会福利，并未使劳动者的生活得到保障，就拿失业津贴来说吧：失业工人领取津贴要受种种条件的限制，在美国，约四分之一的职工(如家务劳动者、农业工人、待业人员、自愿退职者、因渎职被解雇者、兼职工人等)不属失业津贴范围之内；在失业补助以内的，合乎条件的也只二分之一，而且补助金额很小，平均金额不超过制造业工人工资的30%，最长发放时间为四十九周，期满以后就不再发放了。资本主义社会福利如此菲薄，这是有其深刻社会经济根源的。列宁早已指出："资产阶级和资产阶级政府所遵循的不是逻辑，不是常识，而是赤裸裸的贪欲"，它们在社会福利方面，关心的是"少花钱，而不是使工人的生活得到'保障'"①。

供给学派是十分仇视穷苦劳动人民，坚决反对社会福利制度的。但他们还只敢主张"削减"社会福利开支，资产阶级也不敢完全取消社会福利制度，因为他们害怕广大人民群众的反抗，而且企图用一些小恩小惠来安抚无产阶级，缓和阶级矛盾和阶级斗争，遏制社会主义的影响，维护资本主义的统治。但是，供给学派的理论是起了恶劣影响的。近年来，发达资本主义国家都开始实行削减社会福利的政策，使得本已处于艰难竭蹶之中的千百万家庭，更加无法生活下去。英国和美国大砍社会福利开支的情况，已如上述。在法国，1983年计划削减社会福利开支12亿法朗，失业基金20亿法朗，每月扣除退休人员的部分养老金，作为"社会安全基金"，减少对200万失业工人的津贴，全国每人每年的福利费已从1980年的4000美元下降到目前的3000美元。在联邦德国，新政府一笔勾销提高失业工人津贴的诺言，宣布削减社会福利开支，领取养老金者从1983年7月开始，要按月缴纳一定数额的疾病保险费，所有能自主的大学生自付学杂费用。即使是一向有"最慷慨的福利国家"之称的荷兰，也决定在1983年秋季

---

① 《列宁文稿》第1卷，第128页。

把社会福利削减 10% 至 15%。可见，各国垄断资产阶级和反动派正在全世界掀起一股向劳动人民反攻倒算的逆流。

（三）供给学派在美国的试验

大家知道，由于美国经济陷入日益严重的"停滞—膨胀"的困境，垄断资产阶级迫切需要能够代替凯恩斯主义的"新学说"，而供给学派的理论和政策是适合垄断资本需要的。美国总统里根积极推行供给学派所鼓吹的那一套，将美国曾经是凯恩斯主义的试验场所，变成为供给学派的试验场所了。

里根提出的"经济复兴计划"，具体体现了供给学派的基本理论。不过，它同时也反映了现代货币主义的某些观点。这个计划的主要内容是：（1）大幅度减税，以刺激私人和企业的工作、储蓄和投资的积极性；（2）削减政府开支，主要是社会福利支出，以实现预算平衡；（3）取消或放宽政府对私人和企业的限制性的规章和法令，让企业自由地进行经营；（4）稳定货币发行量，使货币供应增长率同经济增长保持一致，以抑制通货膨胀。

以上政策，被供给学派视为"灵丹妙药"。里根也声称：这一切付诸实施后，就能解救美国经济的困境，给美国带来光明前途，"人人都能坐享繁荣"。但是，里根政府任期已经这长，其财政经济政策并没有创造出什么奇迹，美国并没有摆脱经济困境，人民不仅没有得到好处，生活反而更加不安定了。

首先，用减税刺激工作和投资积极性的政策，并未获得预期的效果。

里根按照供给学派大幅度减税的主张，请求通过了三年内减税 25%，共 2850 亿美元的减税法案。减税使富人得到的好处，大大多于穷人。根据减税计划，年收入 1 万美元的四口之家，1981 年只少纳税 5 美元，1984 年少纳税 85 美元，而年收入 10 万美元的四口之家，1981 年可少纳 137 美元，1984 年少纳 5822 美元，收入更高的得益更大。

毫无疑问，减税使垄断资产阶级获得巨大收入，大资本家的确是兴高采烈了。但是，富人和公司并没有把里根送给他们的巨额减税款项投资于新的工厂。从 1981 年和 1982 年实行的两轮减税来看，美国私人企业厂房和设备投资实际数额非但没有增加，1982 年比 1981 年反而减少了 4.8%。对此，供给学派的代表人物屠利(在里根政府前十八个月期间任负责税收和经济事务的财政部副部长，并曾参与制定减税计划)悲叹地说："这不仅仅是令人不安的结果，而且也是非常出乎意料的。"其实，有什么可奇怪的呢! 这主要是因为现在美国的经济问题，是企业开工不足，工业生产能力只有 70% 得到利用，资本家不愿继续投资了。

至于穷人，因减税而得到的利益微乎其微，而大砍社会福利开支和失业，使他们遭受莫大痛苦和威胁，怨声载道，哪有积极性可言。在资本主义剥削制度下，是靠饥饿的纪律来迫使劳动者工作的，无论要什么花招，劳动者总会感到他们是处在受屈辱受剥削的地位，要他们发挥主人翁的创造精神和劳动热情，是根本不可能的。

而且，在逐步增加的赤字面前，里根政府被迫在 1982 年 7 月刚刚实施第二阶段减税方案后不久，又于 8 月敦促国会通过了三年内增加政府税收 983 亿美元的和平时期最大的增税法案，12 月又宣布每加仑汽油增税 5 美分，每年共增税 50 亿美元。1983 年新年伊始，里根总统在他的国情咨文中又宣称：由于经济严重衰退，政府将实行"备用增税"。可见，里根实际上已经背离了原先主张的持续减税的原则，也就是在很大程度上背离了他所信奉的供给学派，转向凯恩斯主义了。无怪乎有的评论家指出：里根经济学中"凯恩斯所占成分比拉弗还多"①。

其次，压缩国家财政支出以平衡预算收支的政策，并未奏效。

里根上台，大砍联邦政府开支，但削减的主要是社会福利支出，在被削减的 83 个项目中，从失业补助金到食品券，从学生贷学金到铁路和邮政津贴，涉及范围甚广，受损失者大都是穷人。据《纽约时

---

① [美]《商业周刊》1983 年 3 月 21 日。

报》报道，里根政府在头两年把联邦福利计划削减了40%，年收入低于1万美元的家庭普遍受到影响，在1984年，这些家庭平均每户减少430美元的福利。可见，这个计划具有明显的劫贫济富的特点。

但尽管削减社会福利开支受到了垄断资本的喝采，垄断资产阶级御用学者也出来帮腔，说什么庞大的赤字和财政上的失败是由于社会福利开支过大，挖空心思论证大砍福利的必要性，但在一开头就在政治上和社会上遭到了反抗和广大舆论的批评，要继续大砍是不大可能的。

在里根政府的经济政策中，一方面要减税，要控制货币供应量以抑制通货膨胀；另一方面要继续不断扩大军事开支，推行侵略扩张政策，而削减社会福利支出又有一定界限。因此导致财政拮据、经济停滞、失业大增，这是理所当然的。里根1981年1月在就职演说中曾经许诺在1984年度实现收支平衡，但事实却与诺言相反，财政赤字逐年上升。1981年里根政府的财政赤字为579亿美元，1982年为1107亿美元，1983年为1954亿美元，1984年财政年度不仅无法实现收支平衡，预算赤字仍将高达2000亿美元左右。有人估计，如果不采取措施，今后五年的赤字总额将突破1万亿美元。破记录的财政赤字的后果是灾难性的，1984年美国政府光是为国债支付的利息将达1050亿美元，举债付息的恶性循环持续到八十年代末，每年的利息将达1800亿美元。里根政府预算局长斯托克曼承认，到那时国家将处于破产的边缘。因此，总统经济顾问委员会主席费尔德斯坦最近要求提高税收，使赤字在三年内削减1000亿美元。财政部长里甘却对此大为恼火，要求白宫人事部门立即将费尔德斯坦解职（1984年5月已宣布辞职）。里根政府处于矛盾重重之中。

最后，撤销和放宽某些法令和规章，导致社会历史大倒退。

供给学派和里根总统信奉"萨伊定律"，企图使美国垄断资本主义回到自由资本主义去。他们为了反对国家干预经济，已经或即将撤销六十五种法令规章，其中包括空气清洁法、水污染控制法、矿工安全法、汽车交通安全法、反噪音法等。这些规章法令的废除，将大大节省资本家的开支，使他们获得更巨大的利润。

我们知道，后凯恩斯主流经济学派萨缪尔森为了单纯追求经济的增长和就业总量的增加，不惜让垄断企业追求利润而继续把地球啃光，污染和破坏环境。甚至新剑桥学派的罗宾逊夫人对萨缪尔森要回复到自由放任，把有利可图的事情看作就是对的，进行了批评，并指责他容许垄断企业把地球啃光，使资源枯竭、环境污染、经济畸形发展。在这里可以看到，里根总统和供给学派同以萨缪尔森为代表的后凯恩斯主流经济学派是没有多大区别的，甚至走得更远。资本主义国家制订的关于企业雇佣职工、生产安全、环境卫生、消除污染、产品质量等方面的规章条例，既是劳动人民长期斗争的结果，也是社会经济进步的要求，而里根政府要统统加以取消，无怪乎人们认为，这使历史倒退几十年。

从上可见，供给学派的政策主张，决不可能根治"滞胀"痼疾。同凯恩斯一样，供给学派也是以资本主义急救医生的面目出现的，他们为里根政府制订了减税、缩减政府开支、减少国家对经济生活的干预，控制货币供应量等一系列政策，以为这些政策可以医治"滞胀"，挽救垂危的资本主义。

但是，里根政府的政策，面临不可能解决的矛盾：要抑制通货膨胀，非实行经济紧缩政策不可，在当前资本主义制度下，是没有其他法子的，上述许多政策，就都是紧缩政策；但紧缩政策的结果，必然进一步使经济停滞，生产下降，失业增多。这又使得紧缩政策不能太严厉，持续时间不能太长，从而注定不可能根治通货膨胀，不可能真正稳定物价，在最好的情况下，也只能由猛烈的通货膨胀转化为温和的、所谓"可以容忍的"通货膨胀。

诚然，在美国当前由于凯恩斯主义政策造成"停滞—膨胀"严重恶果的情况下，供给学派的经济理论作为"缓冲剂"，是有可能减轻"滞胀"的严重程度。根据美国官方公布的材料，1983年国民生产总值平均增长3%；随着工业生产的增长，设备利用率相应提高，1983年11月工厂设备利用率为生产能力的79.4%（1982年12月为69%）；失业率和失业人数已从1982年12月的最高峰10.8%和1200万，降到1983年11月的8%和948万；1983年物价比较稳定，全年通货膨胀率为 4% 左右；企业利润有较大的增长。

目前美国经济情况虽然有所好转，但并不完全是供给学派经济政策的功劳，一方面是经济周期的原因，危机之后必然是复苏，经济回升；另一方面是靠传统的凯恩斯主义刺激消费的结果，两年多的减税，增加了居民的可支配收入，引起了消费的增加。而且还应该看到，情况的好转，付出了巨大的代价：经济危机持续时间长，共达三年之久（1979—1982 年），企业大量倒闭，失业人数空前增加，对外贸易连年缩减。不仅如此，财政赤字继续增加，可能使利息率和通货膨胀率再度上升。美国报刊承认，近期通货膨胀所以下降，是靠传统的以高失业为代价硬从经济中"拧出来的"。这种情况，无论如何，不能说西方资产阶级经济学家已经找到了一种医治"滞胀"的良药。连 1982 年诺贝尔经济学奖获得者、美国芝加哥大学教授施蒂格勒也批评供给学派经济学是"骗人的玩意儿"。另一位诺贝尔经济学奖获得者克莱因甚至说，供给学派"可把美国公众骗苦了。因此，我常常想，如果要进行经济学家的纽伦堡审判的话，供给学派就应当被送上审判台"。凯恩斯主义者对供给学派的困境幸灾乐祸，预言要解决目前的严重失业问题，最终还得靠他们的赤字财政、刺激需求的政策。货币学派则指责里根政府放弃货币供应量稳定增长的政策，将导致通货膨胀。供给学派也不认输，坚持自己的观点。但实际上，里根政府放松银根，降低贴现率，至少是部分地放弃了货币学派的理论；增征税收，至少是部分地放弃了供给学派的学说，重新回到凯恩斯主义刺激需求的老路上去了。它们之间的这种争吵，真好比乌鸦笑黑猪，全是一路货色。美国《时代》杂志刊载的一幅漫画，讽刺得颇为不错——经济学家对华尔街老板说："……起初我是个凯恩斯主义者……接着我是个货币主义者……之后我是个供给学派……现在我是个破产的叫化子……"总而言之，不管是凯恩斯主义、现代货币主义、供给学派，还是其他什么可能出现的资产阶级经济思潮和流派，都无法医治资本主义痼疾——经济危机、大批失业、严重的通货膨胀。相反，它们在越来越严重的经济问题面前，一个一个陷于尴尬和破产的境地。

九、弗莱堡学派

长期以来，即在现代货币主义尚未得势，供给学派没有兴起以前，联邦德国一直是现代西方资产阶级经济学中新自由主义思潮的中心。联邦德国的新自由主义——弗莱堡学派的产生、兴起及其理论观点，都有自己的特色，对联邦德国的思想、政治和经济产生了很大影响。

(一)弗莱堡学派的产生

弗莱堡学派产生于二十世纪三十年代的德国。1929—1933 年经济大危机，是资本主义进入垄断阶段以后，经济危机史上一个重大的转折点。它使得资产阶级庸俗经济学发生了重大的变化：原来占统治地位、以市场自由经营论为中心内容的马歇尔新古典经济学，再也不能自圆其说，而顿形衰落下去。一方面，大多数资产阶级经济学家转到主张政府干预论，出现了所谓"凯恩斯革命"，凯恩斯主义逐渐成为风靡西方各国的主导经济学说；另一方面，有一些资产阶级经济学家继续信奉自由主义，但他们已经不能照旧鼓吹"自由放任"，而不得不承认一定程度的国家干预是市场经济运行的必要条件，他们以新自由主义的面貌出现。德国的新自由主义——弗莱堡学派，最初就是这样从旧的自由主义转化来的。由于这种新自由主义产生于德国并长期在联邦德国流行，因此，一般又把弗莱堡学派的自由主义经济学说叫作"西德新自由主义"①。

---

① 刘涤源、谭崇台主编；《当代西方经济学说》一书（武汉大学出版社 1982 年版）中的第十七章，就是以"西德新自由主义"为题。

弗莱堡学派的主要代表人物有：欧根、罗勃凯、艾哈德、吕斯托、缪勒—阿尔玛克、柏姆、鲁茨等。由于这一学派的一些代表人物都在德国弗莱堡大学任教，所以一开始就称为弗莱堡学派。

瓦尔特·欧根（1891—1950 年）是弗莱堡学派的主要代表和理论奠基者。他先后在基尔大学、波恩大学、耶拿大学学习，1913 年获波恩大学博士学位。第一次世界大战期间曾应召服役四年，1921 年考取大学教师资格，1925 年任杜平根大学教授，1927 年起任弗莱堡大学教授。欧根早期倾向于历史学派。第一次世界大战后德国发生了严重的通货膨胀，他发现历史学派不能解决问题，乃放弃历史学派立场，走向理论研究。欧根的这一转变，反映了三十年代经济大危机引起的资产阶级经济思想上的转化，反映了从十九世纪晚期德国经济发展水平落后于其他老牌资本主义国家而必须实行的保护主义经济政策，向后来经济力量超过英、法，要求向外扩张而实行的自由主义经济政策的转化。1937 年，他和一些法学家一起编辑出版新自由主义丛书《经济的秩序》，制定新自由主义理论，创立了德国的新自由主义学派。欧根的主要著作有：《德国货币问题批判的分析》（1923 年）、《资本理论研究》（1934 年）、《国民经济学的本质》（1938 年）、《国民经济学基础》（1940 年），以及在他死后出版的《经济政策原理》（1952 年）。

第二次世界大战前和大战期间，由于德国实行法西斯经济统治，主张自由市场经济，反对国家全面干预经济的弗莱堡学派受到摧残，弗莱堡学派的经济学家有的逃亡国外，有的投靠纳粹，有的则参加了反法西斯运动，他们处于消散的状态。因此，这一学派当时在德国流传不广，对德国经济政策的影响不大，或几乎没有什么影响。

第二次世界大战以后，德国新自由主义者的境遇迥然不同了。早在 1948 年，以欧根为代表的弗莱堡大学的一些教授创办了一个理论刊物，开始大肆鼓吹新自由主义。由于欧根曾经使用"奥尔多"（原文为拉丁文 Ordo）一词，这个学派就把他们的刊物命名为《奥尔多：经济与社会秩序年鉴》。因此，弗莱堡学派又被称为"奥尔多学派"。所谓"奥尔多"，是指与现存社会秩序既有区别又有联系的"正确的社会秩序"而言，实质上就是指他们所设想的资本主义制度。

弗莱堡学派之所以在战后的联邦德国兴起，同艾哈德的支持和拥护有关。艾哈德初被军管当局指派为美占区巴伐利亚经济部长，联邦政府成立后历任经济部长、副总理等职。他采取了一系列政策和措施，以取消政府对经济的过分统治，转到市场经济制度上来。艾哈德鼓吹的理论原则和实行的政策，同缪勒尔—阿尔玛克在《经济管理与市场经济》(1947 年)一书中首先提出的"社会市场经济"理论是完全一致的。基督教民主联盟经过开始的一段犹豫之后，在它 1949 年的党纲中接受了"社会市场经济"理论的根本原则，并在它取得选举胜利之后，把这些原则定为联邦德国政府经济政策的指导思想。1955年 10 月，联邦德国社会民主党的议会代表，在西柏林召开的联邦会议上，也公开承认了"社会市场经济"政策。

在五十年代和六十年代初，弗莱堡学派的自由主义思想在联邦德国特别流行，并一直作为联邦德国政府制定经济政策的主要依据。

上述这种局面之所以出现，不是偶然的。从根本上说，是和联邦德国的社会政治经济条件分不开的。其主要原因是：(1)希特勒在战前和战争期间所搞的军事国家垄断资本主义声名狼藉，广大群众对法西斯统治时期那种强制调节深恶痛绝，渴望获得经济自由和政治自由，所谓自由、社会市场经济颇具吸引力；(2)战后物价飞涨，商品奇缺，黑市猖獗，哀鸿遍野，在这种情况下，弗莱堡学派鼓吹的"安全"、"公平分配"、"人人安居乐业"等口号，起了一定宣传作用；(3)由于国民经济的恢复和发展，迫切需要发展国内市场，扩大对外贸易，垄断资本尤其渴望向外实行经济扩张，因而自由贸易和自由竞争的呼声甚嚣尘上；(4)在政治上，战后社会主义国家在东欧和亚洲相继建立，社会主义思想深入人心，这对饱经战乱、深受法西斯统治之苦的联邦德国劳动人民是极大的吸引力。在这种情况下，联邦德国垄断资产阶级迫切需要一种经济理论，既能为垄断资本的统治辩护，又能抗御社会主义思想的强大影响。吕斯托就曾指出，最重要最迫切的任务，莫过于制订一个反对布尔什维主义(即社会主义)的纲领。他写道："布尔什维主义和自由民主主义(即资本主义——引者)之间伟大的世界斗争的结局，在决定性的程度上，要看我们能否提出和实行同布尔什维主义的理想完全对立……具有吸引力的纲领。"①在联邦德国垄断资产阶级看来，弗莱堡学派的自由主义及其"社会市场经济"理论就是这样的纲领。正因为如此，"社会市场经济"得到了垄断资本的青睐，登上了联邦德国正统经济学的宝座，正式成为政府的政策，在联邦德国盛行起来。

（二）弗莱堡学派的方法论

弗莱堡学派保持着旧的庸俗政治经济学的传统，承袭了萨伊和巴师夏的庸俗观点，接受了边际效用学派的基本原则，采用了历史学派反科学的方法。弗莱堡学派的理论，是地地道道的资产阶级庸俗经济学。

弗莱堡学派的自由主义虽然是庸俗政治经济学的变种，但并不是简单地重复自己前辈的方法，而是企图加以"完善"和"现代化"，使之适应于垄断资本主义时代，适合垄断资产阶级的需要，为垄断资本服务。他们蓄意歪曲经济现象的实质，但与其前辈不同，用蛊惑性的宣传来掩盖这种歪曲，他们不是用科学的方法公正无私地来说明某一现象，而是使用各种诡计和利用表面现象来掩盖事物的真象；他们在提出某种理论时，关心的不是严谨的逻辑结构和具有说服力，而是尽可能地利用辩护因素，使这种理论带上艺术形式和表面上的效用。例如，弗莱堡学派的主要代表人物欧根在《国民经济学基础》一书中，宣称他创立了新的方法，说他在研究经济现象的过程中，同时运用了具体历史分析和抽象理论概括的方法。

欧根断言，在他以前的理论中，其中包括马克思主义，没有哪一个理论掌握了他运用过的上述两方面的研究。欧根在指责所有政治经济学流派时，采取了资产阶级辩护论的手法，"忽视"了抽象理论分析和具体历史分析本是统一的。欧根还在"新方法"的掩护下，企图

---

① 《我们要求政府和联邦议会改善市场管理》，德文版，第21页。

把自己同所有资产阶级经济学流派，特别是同历史学派和奥国学派区别开来，因为这些学派的方法和理论的毫无根据和伪科学性质，已是尽人皆知了。

弗莱堡学派站在形而上学的立场上，断言经济科学不能说明生产关系的发展，不能证明从旧生产关系向新生产关系过渡的必然性。欧根说："理论的任务在于探索诸条件之间的必然联系，表明经济过程是怎样依存于各种条件的，而经济理论并不能说明这一切。"①在这些不能加以说明的条件中，欧根特别指出了"社会和法律组织"。弗莱堡学派采取这种手法，就是要表明资本主义制度的"社会组织"是不可能认识的，以偷运资本主义永恒存在的反动思想。

实际上，弗莱堡学派不自觉地承认自己不能解决具体历史研究和理论分析相结合的任务。他们并没有克服历史学派的经验主义，其方法论和理论原理，距离真正的科学何止十万八千里。

弗莱堡学派否定马克思主义唯物辩证法，形而上学地看待社会现象，把自然和社会看作是凝固不变的，认为社会发展不过是各种现象的简单重复，而无质的变化。他们不去科学地分析不同社会经济形态的生产关系，而只是对他们所臆想的"经济秩序"作表面的描述，如描述了所谓"现代法国经济秩序"、"第十一世纪拜占庭经济秩序"②、"1935年英国、俄国、日本的经济秩序"。在他们看来，描述这些"经济秩序"就是政治经济学的任务。他们这样作的目的，就是为了回避对生产关系的研究，否定社会发展规律，否定马克思主义关于社会经济形态的学说。

弗莱堡学派在方法论上的错误，最明显地表现在他们的所谓"理念模型"学说上（将在下一节评述所谓"理念模型"）。欧根所创立的"理念模型"，只是为了使事实系统化，为了衡量和评价现实的方便，才采取的一种工具，而不是现实的反映。欧根写道："想象的典型，

---

① 《国民经济学基础》，柏林，1950年，第156页。
② 拜占庭，即东罗马帝国。

或所谓理念模型，不是现实的反映。"①而且，这些想象的典型存在于一切时代，并不同一定历史时期相联系。因此，他故意使用了不反映一定历史时期特点的术语，如称企业为"机关"。称企业主为"机关领导人"。他解释这一点说："我们不说企业和企业主，而说机关和机关领导人，因为企业和企业主这些字限使人想起'资本主义'时代，因而它们有一定的历史色彩。在确定理念模型时，一定要避免这种色彩。"②这种说法最清楚地表明，欧根顽固地站在形而上学的立场上。

总之，弗莱堡学派的哲学基础是客观唯心主义的绝对精神，不是生产力决定生产关系，生产关系又不是决定其余一切关系的基本的原始的关系，而是先臆造出一个天长地久、永恒不变的"理念模型"，然后再体现为各种"经济秩序"、"经济形式"。这种世界观和方法论，如同黑格尔的辩证法一样，是头脚倒立的。

(三)"社会市场经济"理论

"社会市场经济"理论，是弗莱堡学派经济学说的主要内容。要知道什么是"社会市场经济"，就首先应当理解它的理论基础——"理念模型"学说。"社会市场经济"是两类"理念模型"中的一个，而且是最重要最理想的一个。懂得了"理念模型"学说，也就懂得了"社会市场经济"理论；但另一方面，只有懂得了"社会市场经济"理论，才能真正懂得什么是"理念模型"学说。

究竟什么是"理念模型"学说和"社会市场经济"理论呢？

在弗莱堡学派欧根看来，所谓"理念模型"（或叫"理想典型"），"这是并不描绘具体经济的模型，是并不表明经济组织或经济发展程度的实际模式，这是想象的模式、理想的形式，是真正的理想典

---

① 《国民经济学基础》，第 87 页。
② 《国民经济学基础》，第 87 页。

型。"①并且他还断言，在古代罗马，中世纪各国以及现代欧洲、亚洲、美洲各民族中，曾经有过的，而且现在还存在着的只是两种可能的经济形式，即两类"理念模型"："自由或社会市场经济"和"中央管理经济"。历史上一切经济秩序都逃不出这两种"理念模型"的范围，莫不是二者在不同程度上的体现。弗莱堡学派某些经济学家又称"自由或社会市场经济"为"竞争经济"或"自由市场经济"；称"中央管理经济"为"计划经济"或"司令经济"。前者系由市场价格机制的自动调节作用来影响经济，按照罗勃凯的说法，"市场的实质在于，它以自由价格机制的调节去代替政府用计划和命令来调节经济过程"②，后者则是通过政府的计划和命令来调节经济，其实质乃是"中央经济领导原则，即排除市场、所有制和价格形成"③。属于"自由市场经济"模式的是一切高度发达的商品经济，特别是现代西方国家的经济制度，而属于"中央管理经济"模式的则有古埃及的奴隶主经济、中世纪的封建经济、希特勒的军国主义经济。弗莱堡学派把社会主义计划经济也归属于"中央管理经济"，并且认为，"自由市场经济"是美好的，"中央管理经济"是邪恶的。

弗莱堡学派认为，他们的"自由或社会市场经济"不同于"古典经济学"④的自由放任主义。他们强调"自由放任"和"自由竞争"并不是同一概念，自由放任所要求的是国家不干预经济生活、非"社会的"自由市场经济，而弗莱堡学派所主张的自由市场经济是"社会的市场经济"。在这里，他们特别强调了"社会"二字，这一方面是为了表明他们所说的市场经济具有"社会的"职能，另一方面是为了把它们的市场经济概念和"古典经济学"的自由放任的市场概念区别开来。

他们为了说明"社会市场经济"不同于自由放任经济，把后者比

---

① 《国民经济学基础》，第144页。
② 《德国经济政策正确吗？》，斯图加特—科伦，1950年，第20页。
③ 《人类文明》，埃伦巴赫—苏黎世，1946年，第42页。
④ 弗莱堡学派不仅把真正的古典经济学家列为古典经济学，而且还把萨伊、马尔萨斯一类庸俗经济学家也列为古典经济学。

作"野生植物"，将前者看作"人工培育的植物"。弗莱堡学派认为，为了保证社会经济结构的运行，国家必须采取道德的、法律的各种措施，即必须进行"人工培育"，使经济活动有规则的发展，如限制垄断、保障自由竞争、实施稳定的货币政策等等；国家还应当对整个国民经济的发展所不可少而私人资本又不能经营或不愿经营的社会事业，如道路、邮电、铁路、港口、科学研究、文化教育事业等等，进行有效的投资经营。罗勃凯举了一个"生动的"例子来说明这一点。他说，国家好比一个富有经验的"足球裁判员"，裁判员的职责不是参加比赛，亲自踢球，也不是对足球运动员指手划脚，教他们踢球，而是不偏不倚地保证全部比赛规则得到遵守，维护比赛的正常进行。国家的职责也是这样，它不应当干涉企业主的经济活动，插手市场经济的运转，而只是制定积极的经济政策，并借助经济政策来维护竞争秩序，保护市场经济，使之有一个稳定的环境，为其发展创造良好的条件。

弗莱堡学派宣称：人类社会存在着两种超历史的、绝对的"经济理念模型"，在社会发展过程中，改变的不过是这两类模型的形式而已。他们认为，资本主义是被"歪曲"了的市场经济形式，不能把社会政治灾难归咎于市场经济原则本身，这些灾难是由"资本主义"，即"市场经济"的"历史形式"所引起的。弗莱堡学派假装指责"历史的资本主义"，替"市场经济"进行辩解，认为"资本主义"这个词并不能表达"市场经济"的本质特征，应当予以抛弃，而代之以更加"神圣"的字眼——"社会市场经济"。他们宣称"社会市场经济"是他们的理想，认为它是一种最良好的经济方式，只有它才能给社会提供自由。他们吹嘘"社会市场经济"和"中央管理经济"两种"模型"的发现，是最伟大的理论成果，是理论分析的坚实基础。

在弗莱堡学派看来，"社会市场经济"既不是社会主义，也不是资本主义，而是社会发展的第三条道路——"经济人道主义"。所谓"经济人道主义"，完全是用来粉饰垄断资本主义，否定资产阶级对无产阶级的剥削，攻击社会主义，其主要内容包括：（1）反对垄断。弗莱堡学派所讲的垄断是私人垄断组织、工会和社会主义制度，而他们反对私人垄断组织是有条件的，即只反对"一个部门只有一个生产者"的垄断；（2）"社会伙伴论"，即工人和资本家"明智的合作"；（3）"公平分配论"，就是按照拥有的"生产要素"的多少，大家都得到公平的收入，即工人因其劳务的生产性而获得工资，资本家和企业主也因自己的资本和劳动而获得"合理的"报酬；由于有了收入，人人可以购买股票，人人成为资本家，人人安居乐业，各得其所。十分明显，这些都是资产阶级改良主义的欺骗宣传。实际上，所谓"社会市场经济"和"经济人道主义"，都仍然是资本主义。

弗莱堡学派认为，"社会市场经济"最重要的前提是"有效的竞争制度"，而私有制又是"竞争制度的先决条件"，由于生产资料归私人所有，人们愿意生产什么就生产什么，没有人加以限制，这样一来，企业主不受半点束缚，他们的积极性得到充分发挥，从而使价格下降，国民经济的收益上升，需求增加。弗莱堡学派并且断言，这种以私有制为基础的纲领具有非常"革命"的性质。罗勃凯说："真正的市场经济和以竞赛为基础的制度，不会是资本主义……由于这一点，我们的纲领已经完全是'反资本主义的'纲领。我们的第一个出发点——以竞赛为基础的制度，因此没有保守性质，而是具有革命性质。"[①]他们把联邦德国现时的资本主义制度吹捧为"自由或社会市场经济"，硬说联邦德国社会市场经济的思想支柱和政策目标是"自由"、"公平"、"安全"和"进步"，并把自由市场、自由竞争说成是联邦德国政府经济政策的根本原则。1957年，联邦德国政府制定了所谓"反对限制竞争法"（又叫"卡特尔法"），它被捧为"市场经济的大宪章"。

前面已经指出，弗莱堡学派杜撰所谓"理念模型"学说，不遗余力地咒骂社会主义及其计划经济，千方百计地赞美资本主义及其"市场经济"。这一点贯穿在弗莱堡学派一切代表人物的一切著作中，奥卜斯特公然说，社会主义生产方式要达到高效率，必须实行"市场经济"制度，采用资本主义的方法管理经济，"要想找到另外的出路，

---

① 《人类文明》，第75页。

那是绝对没有的"①。哈韦曼同样露骨地说，市场经济能达到更高的增长率和持久的技术进步，"因为它是一种有弹性的能够自动调节的灵活自如的系统。而与它相比之下，社会主义计划经济就像一种用老式的杠杆和螺栓驱动的僵硬的旧风琴"②。

弗莱堡学派吹得神乎其神的"理念模型"学说和"社会市场经济"理论，不过如此而已。这套"理论"是十分庸俗，非常荒谬的。

首先，所谓"理念模型"学说，完全忽视了划分社会经济形态的最重要的和具有决定性的标准——生产关系的性质，把资本主义经济以及各部门、各企业之间的联系都归结为外部的组织形式。显然，两类"模型"的划分，根本不可能是"理论分析的坚实基础"，它堵塞了科学地考察问题的道路，完全否定了政治经济学这门科学，因为政治经济学是"研究人们在生产上的社会关系，生产的社会制度。"③而弗莱堡学派却用虚构"经济模型"，并在这种或那种经济形式之间作纯粹主观的选择，来顶替对经济关系和客观规律的分析，把发展看作是某些既定经济形式的机械结合和任意选择，其结果是否认社会发展的任何规律性。同时，在他们的分析中，完全排除了生产资料所有制问题。例如，欧根写道："期待所有制体系来解决社会和政治经济问题，这是十九世纪和二十世纪初经济政治争论和经济政策的基本错误。"④他们回避无产阶级和资产阶级各自对生产资料的关系，忽视生产方式的研究，以纯粹抽象的"理念模型"代替这一切，蓄意从分析中取消资产阶级社会的一切矛盾。但我们知道，生产资料所有制，是生产关系的基础，构成生产关系的实质。如果整个社会把劳动资料、劳动对象和劳动成果都作为自己所有，那么，这就是公有制社会（如社会主义社会、共产主义社会）。如果只是社会的一部分人或者甚至

---

① 转引自《西德和东德的经济体系》，中国社会科学出版社，1980 年版，第 44、126 页。

② 转引自《西德和东德的经济体系》，中国社会科学出版社，1980 年版，第 44、126 页。

③ 《列宁全集》第 3 卷，第 42 页。

④ 《竞赛及其实现》，《奥尔多文集》，1949 年，第 46—47 页。

某些少数人把社会生产的这些条件作为自己所有，而其余的人不占有这些生产条件，那么，这就是私有制社会（如奴隶制社会、封建社会、资本主义社会）。不仅如此，社会成员的整体利益和个人经济利益，社会的结构和人们在社会生产中的地位和状况，也都取决于生产资料的性质。从这里可以看出，弗莱堡学派那样起劲地反对谈所有制问题，绝不是偶然的。

其次，以反垄断组织为名，行反社会主义和工会之实。弗莱堡学派对德国法西斯经济统治进行了严厉批判，认为它使市场机制麻痹，失去自动调节作用，官僚命令主义横行，"市民的自由"和"在法律面前人人平等"的原则受到摧残，阻碍了人类文化的创造性的发展。对希特勒法西斯的这种批评无疑是正确的，但醉翁之意不在酒。实际上，这种批评旨在反对社会主义。弗莱堡学派把社会主义的管理方法与希特勒的政策混淆起来，一概列入"中央管理经济"，以此污蔑社会主义为"包罗万象的"、"绝对的"、"全面的"垄断组织，"超垄断组织"等等。罗勃凯就曾经写道："集体经济权力（指社会主义国家的权力——引者）的绝对、全面垄断的变种是超垄断组织，它实际上把我们对垄断组织所仇视的一切发展到了庞大的和不可忍受的规模。"[1]这种把社会主义和法西斯主义故意等同的手法，并不是弗莱堡学派所独有的。美国资产阶级经济学家贝利同样断言："共产党和法西斯国家曾采取同样的态度对待这些大公司。共产党和法西斯国家根据它们自己的哲学和所宣布的计划，都是决不愿意让（美国人所理解的）公司存在下去的。"[2]难道还有什么反共言论、反社会主义的"理论"，比这更露骨更恶毒的吗?！

弗莱堡学派还利用对垄断的批评来反对工人运动。他们把工会描述为"非常危险的"垄断联合，是"社会或自由市场经济"的障碍，在批评垄断的幌子下，以便打击工会，瓦解工人组织，使工人脱离经济斗争和政治斗争。这种手法是被利用来论证资本主义垄断组织的存在

---

[1] 《限度与适中》，苏黎世，1950 年，第 122 页。

[2] 《二十世纪的资本主义革命》，商务印书馆，1961 年，第 7 页。

是称心如意的，因为按照他们的意见，这是垄断组织中最没有害处的。他们说，既然没有可能完全消除垄断，最好是保留它们之中最无害处的，即资本主义垄断组织，消灭它们之中"非常危险的"，即工会组织。

大家知道，在资本主义下，垄断是资本家的协议、联合或者同盟，在它们手中集中着某个、某几个经济部门产品的大部分或决定性部分的生产和销售。垄断是生产和资本集中发展到极高阶段的必然结果。而社会主义和垄断，真可谓风马牛不相及。社会主义消灭了私有制，实现了生产资料公有制，在这个基础上实行计划经济。如列宁指出的："无产阶级的社会革命以生产资料和流通资料的公有制代替私有制，有计划地组织社会生产过程来保证社会全体成员的福利和全面发展"①。而垄断组织则是为一小撮金融寡头利益服务，榨取尽量多的剩余价值。至于工会，它并不掌握生产资料，也根本不是垄断组织，它不过是"工人同企业主进行斗争的堡垒。"②"抵抗资本进攻的中心"③。工会(为资产阶级服务的黄色工会除外)是工人阶级自己的组织，是工人阶级利益的保护者，无产阶级可以依靠先进政党领导下的工会组织，来维护工人利益，进行反对资本家的斗争。

再次，弗莱堡学派的主要任务之一，乃是维护垄断组织，粉饰资本主义制度，否认现代资本主义国家的垄断统治。在他们看来，仿佛联邦德国仍然是自由竞争在起作用，是所谓"社会市场经济"制度。但事实完全相反，在联邦德国，垄断组织早已代替了自由竞争，而且联邦德国是垄断组织最发达的资本主义国家之一。联邦德国资本集中和垄断组织的规模达到了空前未有的程度，六十年代初，尽管存在反卡特尔法，但十分之九以上的商品价格是由卡特尔规定的，六十来个大垄断集团拥有全国三分之二以上的股份资本，在重要工业部门，都由五至十个康采恩控制着。值得指出的是，正是在《反对限制竞争

① 《列宁全集》第24卷，第435页。
② 《马克思恩格斯选集》第1卷，第158页。
③ 《马克思恩格斯全集》第16卷，第169页。

法》颁布之后，这个集中过程明显地加速了。甚至联邦卡特尔局的第一次年度报告也不得不承认，"这个法律没有赋予直接抑止经济集中的权力，特别是对于停止或妨害市场竞争的集中现象，没有直接控制的权力。"①当前，资本集中和垄断组织的规模还在继续扩大，联邦德国三大银行(德意志银行、德累斯顿银行和商业银行)的资产总额，1960年只有260亿马克，1970年增加到900亿马克，1978年进一步增为3,450亿马克。工业资本的集中也很迅速，1980年，三大化学公司(拜尔、赫希斯特和巴斯夫)的营业额占化学工业股份公司营业总额的68.3%，三大电器公司(西门子公司、通用电器——无线电器材公司和罗伯特·伯施公司)营业额在本部门营业总额中占50.4%；两家钢铁康采恩(蒂森、曼奈斯曼)的营业额在本部门营业总额中的比重高达84.8%。1970年，股份资本10亿马克以上的特大公司有六家，1980年增加到十五家，它们在全部股份公司资本总额中的比重由8.6%提高到了12%。1977年，在西欧的最大工业公司中，联邦德国拥有一百二十九家，在西欧的一百家大银行中，联邦德国占有二十七家。不仅如此，国家垄断资本主义的发展也很迅速，1979年，联邦德国国有经济占国内生产总值的12%，职工占就业人口的10.5%，国家投资占投资总额的12.7%；在联邦德国，四个部门国有企业占100%，六个部门国有企业占25%—75%；1960年，联邦德国政府开支在国民收入中所占的比重为32%，1967年为41.5%，1980年达到了47.4%。所有这些，都说明联邦德国资本集中程度高，垄断组织发达，垄断资本主宰一切，完全推翻了弗莱堡学派关于联邦德国存在"自由竞争"的论断，联邦德国的所谓"社会市场经济"，实质上就是垄断资本主义。

最后，应当指出，弗莱堡学派的政策主张，在一定程度上适合了当时联邦德国经济发展的需要，从战后到六十年代中期，经济发展相当迅速。正因为如此，弗莱堡学派的"社会市场经济"被称为"德意志的新经济政策"，它的主要代表人物艾哈德(当时任联邦德国政府副

① 联邦德国《联邦卡特尔局年报》，1958年，第101页。

总理兼经济部长)、缪勒尔·阿尔玛克等人,被称为联邦德国"经济奇迹之父",但实际上,战后联邦德国经济之所以恢复和发展很快,主要原因是:(1)西部德国原有工业基础雄厚,技术力量较强。战争中美国轰炸的主要目标是军事机构和城市居民区,对于西部的工业基地轰炸较少。(2)战后固定资产的更新,人民生活的安置,迫切需要大量的生产资料和生活资料;美帝国主义的侵朝战争,需要大量的军工产品及基础工业设备;广阔的欧洲市场和世界市场的商品需求,为联邦德国工业的恢复和发展创造了有利的外部条件。(3)美国出于战略需要,通过马歇尔计划,大量援助联邦德国。(4)战后德国工人的劳动力比较低廉,对工人进行残酷剥削。(5)大量采用新技术、新工艺,科学技术是生产力的重要组成部分,生产力内部本身的能动作用,引起经济迅速发展。弗莱堡学派鼓吹的"社会市场经济"理论,并没有什么奇功妙用,而不过是资产阶级庸俗经济学的大杂烩,适合了联邦德国垄断资本一时的需要。

(四)西德新自由主义的演变

弗莱堡学派的新自由主义,大体说来,在联邦德国经历了几个不同阶段,如上面所论述的,直到六十年代,弗莱堡学派还鼓吹有限调节的"社会市场经济",主张尽可能地主要让市场力量来自行调节全国的经济活动,在不得已的情况下由政府进行某些干预;到了七十年代,则开始宣扬全面调节的"社会市场经济",主要依靠国家对经济进行干预;八十年代以来,由于保守主义思潮抬头,新自由主义在英、美得势(在美国是供给学派,在英国是现代货币主义),由于联邦德国经济陷入更加严重的困境,联邦德国新政府和弗莱堡学派的一些代表人物又提出减少政府干预,重新给私人企业和个人以更多更大的自由,回到艾哈德时期的"社会市场经济"上去。

1. 有限调节的"社会市场经济"

在上一节已经说过,由于战后联邦德国的政治经济条件,弗莱堡学派竭力主张主要通过市场力量来自行调整全国经济生活，国家尽可能不干预再生产的过程，但不反对必要的和有限的调节。"社会市场经济"以私人企业和个人经济活动为基础，国家只是在不得已的情况下进行必要的干预，以期尽可能达到在经济权力分配上的社会公正，在经济利益分沽上的社会公平。这种"有限调节的社会市场经济"，从战后到六十年代中期，基本上适合垄断资产阶级的需要，并迎合了广大居民的心理。

2. 全面调节的"社会市场经济"

六十年代中期以来，联邦德国经济发展日趋缓慢，社会矛盾愈益深刻，国家垄断资本主义调节经济活动的规模和范围越来越大，弗莱堡学派的新自由主义理论同联邦德国现实情况的矛盾愈来愈大，陷入了深刻的危机。

大家知道，战后联邦德国经济恢复和发展非常迅速。到 1948 年，联邦德国工业已相当于英国的 32%，法国的 92%。到 1955 年，即战后十年，便赶上了英、法。联邦德国的工业生产指数，以 1950 年为 100，1960 年则为 240，平均增长 9.2%。但是，到了六十年代中期，特别是 1966—1967 年经济危机之后，联邦德国经济增长速度明显减慢，从 1960 年的 9% 下降到 1966 年的 2.8%。六十年代工业生产平均增长速度为 5.92%，七十年代头八年的平均增长速度则只有 2.26% 了。在 1966—1967 年经济危机期间，联邦德国工业生产出现了战后第一次绝对下降。大规模失业，一系列矛盾日益突出和尖锐起来，使联邦德国资产阶级及其政府感到束手无策。因此，联邦德国资产阶级经济学家哈麦尔和克脑夫也不得不承认："在德意志联邦共和国，也证明了所采取的经济政策手段还是不够的，还不能同时达到稳定经济所需要的四个目标：稳定的价格；高就业率；外贸的平衡；持续的较快的增长。对两种体制的前景做一番比较，人们得到这样的结果，即在中央计划的制度条件下更容易达到这些目标。"①

---

① 《西德和东德的经济体制》，第 44 页。

在这种情况下，人们提出问题，新自由主义的"社会市场经济"还行不行得通？这一理论究竟还有多大价值？

弗莱堡学派不得不承认，破坏自由竞争基础的大垄断组织，在经济中起着越来越大的作用。他们还被迫承认，他们自己从前宣扬的国家有限调节的"社会市场经济"，已经不能克服危机和失业，不能防止环境污染，不能改善工人劳动条件和保证国民经济的高速增长。他们为了使自己的理论，特别是使"社会市场经济"这一模式适应于新的条件，在六十年代末，开始从"有限调节的社会市场经济"转到"全面调节的社会市场经济"。在他们看来，过渡到"全面调节的社会市场经济"是凯恩斯理论和欧根学说的综合和进一步发展。

实际上，弗莱堡学派的所谓"全面调节"，就是国家垄断资本主义调节，旨在扩大和加强国家对再生产过程的作用，发展国家的"企业精神"，扩大国家在国民收入中所占的份额，扩大国家支出，以降低利率的货币信贷政策和预算赤字的财政政策来影响社会需求，等等。总之，旨在制定包括一系列重要国民经济综合指标的长期规划，以保证联邦德国垄断资本在西欧和世界的扩张活动中占优胜地位。

应当指出，弗莱堡学派在理论上的演变，在一定程度上是由联邦德国政府的政策发生变化所引起的。1966—1967 年经济危机之后，联邦德国政府积极奉行"反周期"政策，并实行一系列经济结构改革政策。七十年代以来，联邦德国政府又逐渐实行经济"计划化"，对全国经济实行全面调节和干预。这些属于凯恩斯主义的政策，对联邦德国经济生活产生了重大影响，它们对科学技术的发展，财政资金的利用，再生产周期形态的变化，也有一定效果。因此，弗莱堡学派不得不对这些政策加以考虑，并把它们纳入自己的理论之中。新自由主义同凯恩斯主义融合和合流的这种情况，联邦德国经济部长（1966—1972 年）卡尔·席勒尔已经指出来了。他说，必须了解，在主张竞争就是命令的弗莱堡学派，和主张对实际总需求要加以指挥的凯恩斯主义的代表们之间有必要做一番意义深远的综合；小量的就让市场和个别经济去决断，大量的主要依靠经济手段和财政工具给以影响①。弗莱堡学派所主张的"全面调节的社会市场经济"，也就是社会民主党执政期间(1969—1982年)所推行的"少市场，多国家"的经济政策。

3. 重新回到艾哈德时期的"社会市场经济"

联邦德国转到"全面调节的社会市场经济"以后，经济情况并没有多大好转。特别是1980年4月爆发的战后第六次经济危机，是战后最严重的一次全面性经济危机，工业生产下降幅度达到14.2%，高峰时期失业人数超过200万，这在战后的联邦德国是创记录的。同时，通货膨胀加剧，劳动生产率增长速度下降，面对严重的经济危机，社会民主党政府毫无办法。经济危机引起了政治危机，1982年10月，基督教民主联盟——基督教社会联盟和自由民主党联合政府，取代了社会民主党政府。新政府指责前政府实行了错误的经济政策：国家拿得太多，花得太多，管得太多；认为这种"全面调节"的政策严重损害了私人企业的利润收入，削弱了投资的意向和力量，挫伤了人们的"进取"精神，惯养了一批"寄生虫"，因而使得《经济稳定与增长法》所规定的经济增长、充分就业、物价稳定和国际收支平衡四大目标全部落空。新政府还认为，要扭转这种局面，必须回到"有限调节的社会市场经济"去，即实行"多市场，少国家"的经济政策。

新政府的首要任务是振兴经济和解决失业问题。采取的主要措施是：减免企业税收，刺激私人投资；实行紧缩政策，抑制通货膨胀；维护自由贸易，反对保护主义；多利润，少工资，削减社会福利开支；等等。这些实质上同英国和美国所实行的政策差不多，看来也难奏效。无怪乎社会民主党经济问题发言人罗特说："联邦德国将领略一下撒切尔主义和里根主义。在一两年后，这两种主义将使我们处于英、美同样的困境。"

从西德新自由主义的演变中可以看出，在1966—1982年期间，联邦德国经济政策中凯恩斯主义因素逐步增加，特别是在1974年经

---

① 转引自哈麦尔、克脑夫：《西德和东德的经济体制》，第27页。

济危机之后，增加了不少凯恩斯主义国家干预政策（少市场，多国家），而在 1982 年末却开始否定凯恩斯主义的许多干预措施，基本上回到了艾哈德时期的"社会市场经济"政策（多市场，少国家）。尽管战后联邦德国占统治地位的经济思想是"社会市场经济"，但新自由主义的演变，实质上也体现着新型的自由经营论和国家干预论两种经济思潮的兴衰交替，只不过没有英、美那样明显罢了。从联邦德国新自由主义的演变中还可以说明，无论新自由主义，还是凯恩斯主义，或者是二者的结合，在联邦德国同样不能解决经济的根本问题，不能保证经济高速增长，不能消除失业、通货膨胀和经济危机。所有这些，有力地说明了弗莱堡学派和整个当代资产阶级经济学一样，陷入了更加严重的危机。

十、哈耶克新自由主义

（一）哈耶克的生平和主要著作

哈耶克 1899 年 5 月 8 日出生在奥地利的维也纳，1927 年在维也纳大学获得政治学博士学位，并在伦敦大学获得经济学博士学位，曾任奥地利经济研究所所长（1927—1931 年）和维也纳大学经济学讲师（1929—1931 年）。在维也纳大学任教期间，写了《货币理论和经济周期》一书（1929 年），这是使他成名的最初著作。他信奉资产阶级传统庸俗经济学，认为资本主义经济本身具有一种自行趋于稳定的机能，任何形式的国家对经济的干预，如财政调节、货币调节和行政干预，都是不必要的。从此以后，他一直坚持着这种观点。

从 1931 年起，哈耶克到英国伦敦大学任教授，并于 1938 年加入英国国籍，在英国一直居住到 1950 年。在此期间，他写了一系列著作：《自由与经济制度》（1938 年）、《通向奴役的道路》（1944 年）、《个人主义与经济秩序》（1948 年）等。他在《自由与经济制度》一书中，激烈反对社会主义，提出了两个命题：(1)社会主义不可能有经济效率，不可能实现资源的合理配置；(2)社会主义经济即使有可能实现，也是不值得追求的，因为这意味着自由的丧失。他在《通向奴役的道路》这本书中，更加激烈地反对社会主义，一方面，把私人企业制度和自由市场经济捧上了天，认为这是维护个人自由和提高经济效率的最好保证；另一方面，千方百计诋毁社会主义制度及其公有制和计划经济，认为社会主义是违背"人的本性"的一种制度，而公有制和计划经济是"通向奴役的道路"。哈耶克把社会主义和封建主义、

198

法西斯主义等同起来，统称为"极权主义"，加以攻击。他甚至反对社会民主党、英国工党理论家和某些资产阶级经济学家鼓吹的资本主义条件下"收入均等化"、"福利国家"之类的社会改良主义措施，认为这也最终导致政治的极权化。哈耶克《通向奴役的道路》一书的出版，受到了垄断资产阶级的喝彩和一些反动资产阶级经济学家的欢迎。但是，它引起了广大群众的不满。整个无产阶级，因生活困难而希望得到政府津贴和救济的居民，不满意资本主义现状而要求改良的人、赞成社会主义的左翼人士，莫不谴责和痛斥哈耶克。甚至许多资产阶级经济学者，对《通向奴役的道路》这本书，也不敢公开表示赞同。

从 1950 年起，哈耶克到美国芝加哥大学任社会伦理学教授，1962—1970 年在联邦德国弗莱堡大学任经济学教授。在这一时期，他写了《科学的反革命》(1952 年)、《自由的宪章》(1960 年)、《哲学、政治学和经济学研究》(1967 年)。在这些著作中，哈耶克竭力宣传经济自由的"好处"和国家干预的弊端，猛烈抨击凯恩斯主义，认为凯恩斯主义的理论观点和政策主张都是错误的，其错误主要表现在：(1)凯恩斯主义单纯从需求的角度来分析资本主义经济波动的原因，而忽略了供给方面的作用。此外，还忽视了货币供应量变动的影响和生产结构失调所产生的后果；(2)凯恩斯学派提出的国家调节经济的措施，必然造成财政赤字和通货膨胀，导致经济状况恶化，并因此而引起失业。但是，在战后的一个较长时间内，由于凯恩斯主义盛极一时，哈耶克这些反凯恩斯主义的论点并未受到人们的重视，只是在最近十多年来，凯恩斯主义逐渐衰落，哈耶克才又行时起来了。

七十年代以来，哈耶克转向经济伦理学的研究。在《法律、立法和自由》这部重要著作中，哈耶克主要不是以经济学家的面目出现，而是以"社会学家""政治思想家"和"伦理学家"的姿态出现了。1976年，他发表了另一重要著作《货币的非国家化》，提出了返回到自由资本主义时代的极端自由化的主张。

1974 年，哈耶克获得了诺贝尔经济学奖。他在接受访问时说："我在三十多岁成了最有名的经济学家之一，可是接着就发生了两件事：凯恩斯的完全相反的观点获得了成功，而我因写了《通向奴役的道路》一书而使自己名誉扫地。"他又说："由于那本书如此不受我的同事们的欢迎，以致三十年来，我的名声不断下降。只是在最近十年，才开始恢复。"哈耶克还得意地说，奖金"是使我的声望得到恢复的一个象征"①。

大家知道，当代资产阶级经济学中新自由主义思潮的四个重要中心是：奥地利维也纳大学的新奥国学派；英国伦敦大学的伦敦学派；美国芝加哥大学的芝加哥学派；联邦德国弗莱堡大学的弗莱堡学派。由于哈耶克先后在这些大学担任过教授，这四个学派都把哈耶克称做"自己人"，并把他推崇为本学派的主要代表人物之一。然而，他们之中却没有人自称为哈耶克新自由主义者，所谓哈耶克新自由主义，唯哈耶克一人而已。

哈耶克是当代资产阶级经济学中新自由主义思潮最主要的代表之一，历来被认为是"极右翼的"、"保守的"、"反动的"经济思想家。

(二)哈耶克的"消费者主权"理论

"消费者主权"这个概念，并不是哈耶克首先提出来的。在资产阶级古典学派亚当·斯密的著作中，就已经有了这一个概念。后来，资产阶级庸俗学派如奥国学派、剑桥学派，都把"消费者主权"看成是市场关系中最重要的原则，在当代资产阶级经济学家中，大多数人仍然坚持这一原则。

什么叫"消费者主权"呢？所谓消费者主权，是资产阶级经济学家用以说明消费者和生产者之间的关系的一个概念。按照这个概念，消费者根据自己的意愿和偏好到市场上选购所需的商品，这就把这种意愿和偏好通过市场转达给了生产者，于是生产者听从消费者的意见安排生产，提供消费者所需的商品。这就是说，生产者生产什么，生

---

① 〔美〕约翰·葛德斯：《弗里德里克·冯·哈耶克—凯恩斯的批评者又行时起来了》，载 1979 年 5 月 7 日《纽约时报》。

产多少，最终取决于消费者的意愿和偏好。"消费者主权"这个概念，还可以用一个比喻来说明，消费者在市场上每花一元货币就等于一张选票，消费者喜欢某种商品，愿意花钱去购买它，就等于向这一商品的生产者投了一票。生产者只有使自己生产的商品适合消费者的需要，消费者才会投他的票，也就是愿意购买它的商品，否则，商品就会滞销，生产者就会亏本。各个生产者就是通过消费者在市场上"投货币票"，了解到社会的消费趋势和消费者的动向，从而以此为根据，安排劳动力和生产资料，改进技术，降低成本，增加花色品种，以满足购买者的需要，达到实现最大限度利润的目的。

哈耶克的"消费者主权"理论，基本上也是这一套。不过，为了适应当前垄断资本主义出现的某些新情况，他对这一"理论"的说明有若干特点。

第一，在垄断资本主义时代，每一部门、每一种重要商品的生产和销售，都由几个大公司(垄断组织)控制着，并且规定了垄断价格。这时，"消费者主权"还存不存在呢？有的资产阶级经济学家认为，大公司可以而且有必要实现"计划管理"的原则，使市场基本上成为由公司的生产和销售计划加以调节的市场(加尔布雷思的所谓"生产者主权"，就是这个意思)。但如果是这样的话，"消费者主权"岂非不再存在了吗？哈耶克说，不，大公司的统治不仅不应当与消费者主权这一原则相抵触，而且如果违背了它，对公司和整个社会经济都是有害的。在他看来，这是因为，大公司的出现没有改变交换经济的性质，大公司仍然要在市场上实现自己的最大利润，所以仍然要听从消费者的意愿来安排生产和销售。而且公司既是生产者，又是消费者(生产资料的消费者)，如果不存在消费者主权，只由生产者单方面决定生产什么、生产多少，那么，公司就失去了推动力，生产就会处于受限制的状态中。因此，哈耶克断言，大公司也必须接受消费者通过市场所反映出来的意愿，即必须按照"消费者主权"这一原则办事。

第二，在当今的世界上，数学在经济学中的应用日益普遍，计算技术越来越迅速地发展。某些资产阶级经济学家因而认为，现在可以利用计算技术，通过集中的计划管理来安排社会的生产和销售，使资源得到最有效的配置，使消费者的需要得到更好的满足。哈耶克却不以为然，认为计算技术和数学工具的应用和发展，确实是近些年来经济学和经济工作方面的重要变化，但市场上的产品千差万别，消费者人数众多，供给、需求、价格等变化无常，最先进的计算技术也难以迅速地、及时地收集和处理这么复杂的信息，同时，也很难判断计算结果在何种程度上符合客观的实际情况。但是，所有这一切，通过生产者和消费者在市场上的无数次自发的交换活动，可以灵活地反映出来。因此，哈耶克又断言，从市场上得到的信息，比利用先进计算技术和数学工具所进行的集中决策更有效率，"消费者主权"的原则并不因计算技术的进步而失去效力。

第三，在国家垄断资本主义时期，政府拥有越来越大的权力，愈来愈大规模地干预社会经济生活。因此，国家并不严格按照市场经济原则来安排财政收入和支出，它可以使某些垄断组织得到较大的利益，而使许多生产者和消费者受到部分的或较大的损失。在这种情况下，消费者主权是否不再起作用，或者受到限制了呢？哈耶克认为，消费者主权的原则还是不能违反的，如果国家违背了这个原则，把自己的意志强加给市场，强加给生产者和消费者，那对于资源的配置是有害的，而且时间越长，其危害性将会暴露得越明显。哈耶克猛烈抨击凯恩斯主义关于调节经济的理论和政策，指责这种违背消费者主权的政策带来了严重的恶果，使资源配置失调，失业更加严重。

哈耶克对凯恩斯主义关于国家干预经济的理论的批评，对这一理论造成的恶果的揭露，具有一定的意义。他强调要重视消费者的愿望和要求，以及主张企业的生产应当面向市场和消费者的论点，也是值得我们注意的。

但是，"消费者主权"理论把追求最大限度利润为目的的资本主义生产，说成是满足消费者需要为目的的生产，抹杀生产和消费之间的对抗性矛盾，以为依靠市场自发势力就可以合理配置资源，保证生产效率，这都是完全错误的。我们知道，生产剩余价值，赚钱发财，是资本主义生产方式的绝对规律。而资产阶级要大发横财，必然要扩大生产和加强对工人的剥削。由于广大人民群众特别是无产者的消费是很有限的，这就造成资本主义无限扩大生产的趋向和有限的消费之间的对抗性矛盾。这个矛盾在资本主义条件下是不可能解决的，只有建立社会主义社会才可以得到解决，因为"只有社会主义才可能根据科学的见解来广泛推行和真正支配产品的社会生产和分配，也就是如何使全体劳动者过最美好、最幸福的生活。"①至于合理配置资源，在资本主义社会也是不可能的。资本主义私人占有制，竞争和无政府状态，经济危机，特别是经常存在大量失业和开工不足，必然造成自然资源、劳动资源和生产能力的巨大浪费。要达到生产资源的合理配置，必须消除上面这些资本主义"缺陷"，也就是必须消灭资本主义制度。

(三)哈耶克的"失业紧跟通货膨胀"理论

当前，在各主要资本主义国家里，通货膨胀与经济危机、财政危机、能源危机、生态危机等交织迸发，形成了严重的"停滞—膨胀"局面。所谓"停滞—膨胀"，就是指同一时期内，既有经济停滞(或叫"萧条"，或叫"衰退")和严重失业，又有持续的通货膨胀(即纸币流通量过多，纸币贬值，引起物价上涨)。这种局面引起了资产阶级的严重不安，资产阶级经济学家乃竟相寻找失业和通货膨胀的原因，并提出解救的办法。哈耶克企图独树一帜地说明这种"停滞—膨胀"同时并存的原因，提出了所谓"失业紧跟通货膨胀"理论。

在哈耶克看来，政府对货币发行权的垄断是经济不稳定的根源，失业和通货膨胀都是由此引起的。

哈耶克认为，市场经济本质上是一种私人经济，只要听任市场机制充分发挥作用，市场就会把有关的信息及时传递给各生产者和消费者，于是一切经济资源将会被合理配置和有效利用。但要使市场机制充分发挥作用和使市场信息及时传递出去，应当有健全的货币制度。如果作为交换媒介的货币是由私人经济(私人银行)提供的，那么私

---

① 《列宁选集》第3卷，第571页。

人经济将会按照流通的实际需要提供货币，这样的货币制度必定是健全的。在这种情况下，就不会有失业和通货膨胀。然而，由于国家垄断了货币的发行权，剥夺了私人经济自行提供交换媒介（货币）的可能性，私人经济活动不可避免地受到国家货币发行政策的限制，于是市场机制发挥不了应有的作用，其结果必然是：一方面引起失业，这是由于私人经济活动受到限制和经济资源配置失调，私人的投资积极性受到挫伤，因而市场不能提供较多的就业机会；另一方面造成通货膨胀，这是由于政府垄断了货币发行权，并滥用这种权力而造成财政赤字的结果。因此，哈耶克指出，既然失业和通货膨胀都是由同一原因产生的，二者就可以同时存在，那种认为可以用通货膨胀来消除失业，或者可以用提高失业率来缓和通货膨胀的理论，都是没有根据的。在他看来，"停滞—膨胀"的原因并不那么复杂，用不着把这个本来很简单的道理看得深奥莫测。"停滞—膨胀"的原因就是：政府垄断了货币发行权并滥用这种权力，破坏了市场机制的正常作用，这就既造成通货膨胀，同时又随即引起失业，也就是说，"失业紧跟通货膨胀"。

那么，又如何才能消除失业和通货膨胀呢？在哈耶克看来，办法也很简单，只要实行"货币的非国家化"就行了（这一点将在下一节作专门分析）。

首先，哈耶克坚决反对凯恩斯主义关于用通货膨胀来实现充分就业的主张。他认为，通货膨胀既不是解决失业的办法，也不是保证充分就业的手段。这是因为：（1）通货膨胀只能在一段时期内吸收失业，但从较长的时期来看，却使得失业不可避免和更加严重；（2）通货膨胀不是一次就完了，现在它是一个连续的、加速的过程，这个过程可能通过破坏货币金融制度，以致最后破坏整个社会来结束。同时，哈耶克也反对凯恩斯主义实行工资和物价管理来消除通货膨胀的企图，认为这是政府对私人经济的干预，会破坏市场机制的作用。

其次，哈耶克还反对"激进派"关于扩大政府机构的权力，用反垄断的措施来制止抬高物价，消除通货膨胀的主张。他指出，反垄断是正确的，但只能用鼓励市场竞争，而不应当用扩大政府权力的办法。因为扩大政府权力会引起"极权化"，其后果甚至比私人垄断还要糟糕。

最后，哈耶克也不同意现代货币主义者提出的控制货币发行量来消除通货膨胀的对策，他认为，"货币不是通过控制其数量而得到一定的可预见结果的政策工具"，而且，靠政府控制货币发行量也是靠不住的，不能相信政府的"善行"和"好心"，"健全的货币只可能来自（私人企业的）自身利益，而不会来自（政府的）善行"①。这表明，哈耶克和现代货币主义者虽然同属于保守派，即新自由主义这一流派，但哈耶克在反对国家干预、主张自由放任方面表现得较为彻底。

哈耶克在失业和通货膨胀问题上，对凯恩斯主义、现代货币主义和激进派的批评，在一定程度上是正确的。但哈耶克的"失业紧跟通货膨胀"理论同样是错误的，因为这一理论否认资本主义经济危机的根源在于资本主义制度，否认当前资本主义国家严重的"停滞—膨胀"与资本主义基本矛盾日益加剧之间的必然联系，仅仅把它们归结为政府的货币政策的结果，而且这一理论还造成在资本主义制度下能消除失业和通货膨胀的幻觉。当然，货币政策的滥用在加剧资本主义国家的通货膨胀方面是有一定作用的，但如果把它当作失业和通货膨胀的最终原因，那无疑是为垄断资本主义开脱罪责，为之辩护。

（四）哈耶克的"自由货币"学说
（"货币的非国家化"理论）

哈耶克对当前主要资本主义国家"停滞—膨胀"的原因作了分析之后，为了对付失业和通货膨胀，他提出了对现行资本主义货币制度进行根本性改革的理论和政策主张，即提出了所谓"自由货币"学说，或叫"货币的非国家化"理论。

何谓"自由货币"学说？把哈耶克的观点概括一下，其主要内容

---

① 《货币的非国家化》，伦敦，1976 年，第 80、100 页。

就是：政府对货币发行权的垄断是经济不稳定的根源，这是历史证明了的。经济所以不稳定，是因为政府有了货币发行的垄断权，就能根据财政支出的需要不断发行货币，结果既造成通货膨胀，又引起失业。因此，要稳定经济，必须取消政府发行货币的垄断权，废除国家货币制度，用私营银行发行的竞争性货币（即自由货币）来代替国家货币。在私营银行发行自由货币的条件下，各个银行必定会限制货币发行量，维持通货价值，市场经济就会稳定，失业和通货膨胀皆可以消除。简单地说，只要让私营银行发行货币，就万事大吉。

在哈耶克看来，私人能够发行稳定的、良好的货币，使经济稳定，工商业兴旺，而且政府的收入同样可以得到保证。哈耶克认为，除了废除政府对货币发行的垄断权和容许私营银行发行竞争性货币以外，其他出路是没有的。他写道："如果我们想要使得自由企业和市场经济继续生存下去（甚至所谓'混合经济'的支持者们也可能有这种打算），除了用私营发行银行之间的自由竞争来取代政府对通货的垄断和国家货币制度之外，我们别无选择之余地。"①按照哈耶克的设想，私营发行银行的竞争性货币与发挥自由企业经营和市场经济的作用是一致的。前者提供健全的、稳定的自由货币，后者提供有效地配置资源和增进经济效率的经济活动领域，二者互为条件，互相促进，缺一不可。

但哈耶克也不能不看到，在目前的资本主义条件下，要国家放弃发行货币的垄断权，以所谓"自由货币"取代国家货币，必然会遇到各种阻力，实行起来是很困难的。因此，他提出，要政府放弃发行货币的垄断权，还必须先造舆论，向公众进行有关自由货币的宣传。他说，正如十九世纪需要有一个"自由贸易运动"一样，今天也需要有一个"自由货币运动"，以便使人们懂得，通货膨胀和失业的根源在于货币发行的国家垄断，使人们出于对切身利益的关心，而去争取"货币的非国家化"的实现和"自由货币"的发行。

哈耶克的"自由货币"学说，在理论上是错误的，在实际中是行

---

① 《货币的非国家化》，伦敦，1976 年，第 99—100 页。

不通的。

第一，"自由货币"学说关于把货币发行权由国家归还给私营银行(也就是交给垄断组织)，失业、通货膨胀就可消除，经济就能稳固的论调，完全歪曲了垄断组织与资本主义国家的关系，美化了垄断资本，而且还掩盖了垄断组织同国家政权相勾结、加剧通货膨胀的事实。我们知道，垄断组织和国家政权并不是对立的，资本主义国家不过是资产阶级的执行委员会，垄断组织使国家从属于自己，利用通货膨胀，把国家财政开支的沉重负担和经济危机的严重后果转嫁给劳动人民，压低工人的实际工资，使国民收入作有利于垄断资本的再分配。而且，历史已经表明，即使在私营银行拥有自由发行货币权的十九世纪，资本主义周期性危机也不曾避免，失业现象也不曾消失。

第二，尽管哈耶克批评了现代货币主义的货币数量论，指出了根据这种理论制定的货币政策不可能维持经济上的稳定，论述了不可能用货币数量论来解释通货膨胀问题，但他的自由货币学说并没有摆脱货币数量论的错误。实际上，他认为资本主义经济存在的各种弊病(如失业、通货膨胀等)，都是由于货币发行过多引起的，而货币发行过多，则是由于国家垄断了货币发行权。如果实行"货币的非国家化"，让私营银行发行货币，则货币发行不会过多，经济也就稳定了。可见，这些论断都是从货币数量论中引申出来的。

第三，哈耶克想返回到自由竞争时代的资本主义社会，企图让私营银行有权自由发行货币，这真是在二十世纪垄断资本主义时代作十九世纪自由竞争的黄粱美梦。资本主义的自由竞争早已被资本主义的垄断所代替，现在要再回到自由竞争已经是不可能的了。垄断资产阶级不会把政府手中掌握的货币发行权分散给私营银行，因为这样做，既不利于垄断资本主义的统治，又会妨碍资产阶级的整体利益。资产阶级国家是作为资产阶级的总代表、"总资本家"而执行其政策的，哈耶克把垄断组织(如私营银行)同国家对立起来，不过是为了掩盖垄断资本的统治而已。

(五)哈耶克的"理想社会"

从上面初步的论述已经可以看出，哈耶克是一位资本主义制度的热心拥护者，但他不能完全否认资本主义存在弊端，也不得不承认现实的资本主义并不是理想的社会。他作为资本主义的辩护士，仇视和反对科学社会主义自不待言，他甚至也反对各种改良主义者所鼓吹的"社会主义"，反对"福利国家"口号。哈耶克声称，他决不相信社会主义和"福利国家"之类的设想付诸实施，会给社会增添任何利益。他坚决主张的是这样一个"理想社会"，在这个社会里，私有财产神圣不可侵犯，市场机制充分发挥作用，人们有自由选择的机会，法治取代政府权力的滥用。

实际上，哈耶克鼓吹"理想社会"，不过是企图达到下列几个主要目标，以维护和巩固资本主义制度。

1. 维护私有制，反对公有制

在哈耶克看来，私有制是最好的制度，自由市场经济和自由企业经营所以能调节经济，促进资源的有效配置，是因为有了私有制作为基础，而且，有了私有制，个人的积极性才能得到充分的发挥。如果破坏了私有制，建立公有制或限制私有财产来组织经济，用统一的中央当局的命令来代替市场的作用，其结果不仅是效率低下，个人积极性受挫折，资源配置失调，而且必定走向"极权主义"的统治，走向对个人的"奴役"。哈耶克公然写道、"正是由于生产资料掌握在许多独立行动的人的手里这个唯一的缘故，才没有人有控制我们的全权，我们才能够以个人的身份来决定我们要做的事情。如果所有的生产资料都落到一个人手里，不管它在名义上是属于整个'社会'，或是属于独裁者，谁操有这个管理权，谁就有全权管制我们。"①

哈耶克还认为，私有制不仅对有产者来说是个人自由的最重要的

① 《通向奴役的道路》，伦敦，1976年，第78页。

保证，而且对无产者来说也是如此。在资本主义制度下，无产阶级完全被剥夺了生产资料，为了换得维持生存所必需的生活资料，只得被迫把自己的劳动力出卖给资产者，但哈耶克竟说私有制能保证无产者的自由，岂非怪事?! 现在我们来看看哈耶克是怎样说明这一点的，他说，一个无产者，在私有制的社会中，必须受雇于有产者，但他如果认为某一个雇主不能满足自己提出的要求时，他可以离开这个雇主，转向另一个人，但取消私有制以后，他却不得不服从拥有极大垄断权的国家管理机构，他将完全受这个庞大的管理体系所支配。在这里，哈耶克故意回避了一个要害问题，这就是资本主义制度下的无产者为了生存，不管剥削多么残酷，工资多么菲薄，不受雇于这个资本家，又得受雇于那个资本家，总逃不脱整个资产阶级的剥削和压迫。在资本主义制度下，工人除了有受剥削的自由，别无其他选择。哈耶克还蓄意抹杀这样一个众所周知的事实：在社会主义公有制下，无产阶级成了国家的主人。所谓社会主义公有制下的无产者不得不服从"拥有极大垄断权的国家"，纯粹是无稽之谈。

在历史上，某些有志于改革的仁人志士，空想社会主义者，小资产阶级经济学家，激进经济学家，都对私有制进行过一定的批判。至于共产主义者，则一直在无情地揭露私有制造成的祸害，坚决地主张废除私有制。在这种情况下，哈耶克也不得不提一提私有制社会的一些"缺陷"，但与其说是批评，不如说是赞美私有制。他说，在私有制社会，穷人在机会方面受到的限制要比富人大得多，致富的可能性要比拥有遗产的人小得多，而且有些人的生活是很困苦的。但他认为，即使是这样，这种私有制社会仍然比公有制社会要好，要公正些。在公有制社会，穷人只能靠有权势者的恩惠才能改善生活，穷人必须服从有权势者。而在私有制社会中，任何人（包括穷人）都有选择职业的自由，可以到能够施展自己才能的地方去努力工作，即使是穷人，也是可能由此致富的。然而，私有制被取消之后，个人选择职业的自由就没有了，致富的道路被堵塞了，人们的处境变得更加难以忍受了。因此，哈耶克把公有制看作是"通向奴役的道路"。

在这里，充分暴露了哈耶克反对共产主义公有制的反动面目。与哈耶克的污蔑相反，生产资料归全体劳动者所有的公有制，是社会主义制度最优越的表现。在社会主义生产资料公有的制度下，没有人剥削人的现象，没有对抗的阶级，生产资料成为生产者进行自由劳动的物质条件，提高劳动生产率的手段，以及改善社会全体成员的物质福利，并使他们的个性获得自由的全面发展的手段。

2. 美化市场经济，反对计划经济

上面讲的"消费者主权"理论、"失业紧跟通货膨胀"理论和"自由货币"学说，都是美化资本主义市场经济的。哈耶克强调市场机制能使资源有效配置，从而可以提高经济效率，保证经济的稳定。他在赞美市场经济的同时，竭力污蔑和反对计划经济。

首先，哈耶克竭力"驳斥""生产力的发展要求经济有计划发展"的看法，"证明"技术发展与计划经济无关。他认为，计划经济是对经济的集中指挥和管理，而技术进步并不一定要求实行经济的集中指挥和管理。他承认技术进步是不可避免的，但认为，从很久以前到第二次世界大战，技术正是在分权的体制中和在市场竞争之中发展起来的，技术进步是社会分工的结果，而不是人们有意识地调节和集中管理的结果。过去既然如此，那么在今后也不会有所不同。他断言，只有市场竞争制度，才能提供为技术进步所需的多样性、复杂性和灵活性，而集中的计划管理恰恰阻碍了技术的进步。

其次，哈耶克歪曲事实，历数计划经济的"弊病"。他举出的"弊病"有：损害市场机制，妨碍资源有效配置，生产效率低微；不尊重消费者主权，不能满足消费者的愿望；使人们丧失主动性、创造性和责任心；经营不善，不能赢利，等等。他还认为，经济上的集中必然导致政治上的极权，导致个人自由的丧失，导致个人的奴役，这是计划经济最主要的"弊病"。

最后，哈耶克污蔑计划经济必定同愚民政策联系在一起。在他看来，这是因为，计划的制订人要使自己制订的计划得到贯彻，必须使人民相信计划的绝对正确性。如果不统一国民的思想，计划就不可能贯彻下去并取得成功。国家把信仰强加到人民身上，国家的信仰成为

人民的信仰，哈耶克认为这就是"当代的蒙昧主义"。

因此，哈耶克断言，计划经济同公有制一样，是"通向奴役的道路"。

显然，哈耶克的这些论调是完全错误的。大家知道，有计划地发展社会生产是客观的必然性。任何社会，只要有劳动分工，生产的发展必然以按一定比例在各经济部门分配劳动力和生产资料为前提。正如马克思指出的："要想得到和各种不同的需要量相适应的产品量，就要付出各种不同的和一定数量的社会总劳动量。这种按一定比例分配社会劳动的必要性，决不可能被社会生产的一定形式所取消，而可能改变的只是它的表现形式，这是不言而喻的。"①在资本主义私有制占统治地位的条件下，计划也是大生产的一般趋势，企业内部有着严密的计划，不过，决不可能在整个社会实行计划经济，对社会生产的调节，是通过市场机制、自发起作用的价值规律来实现的，因此，不可避免地产生无政府状态、经济危机、失业、通货膨胀等资本主义不治之症。而在社会主义条件下，计划经济不仅是客观的必然要求，而且也是可能实行的了。当然，也还要考虑市场机制的作用，所以我国实行的是在公有制基础上的有计划的商品经济。只有这样，才能使生产沿着社会主义基本经济规律的方向发展，消灭无政府状态、生产过剩的经济危机以及由此产生的社会生产力的破坏，才能为科学技术进步创造良好的条件，合理配置资源，不断提高经济效益。

3. 维护资产阶级专政，反对社会主义制度

哈耶克认为，"理想社会"除了实行私有制度和自由竞争的市场经济以外，还必须是一个"人们可以自由选择机会"的社会，这种"美好社会"将是"按照同一个原则"向所有的人开放，任何一个人都同样地具有尽可能多的机会，而不只是维护少数人的特殊利益。怎样才能保证"自由选择"呢？哈耶克认为，自由选择的机会必须受到法律的保证，自由本身是法律原则的体现，没有法治，自由是空洞的。所

① 《马克思恩格斯选集》第4卷，第368页。

以，哈耶克的"理想社会"又是一个法治的社会。

在哈耶克看来，所谓法治，就是政府的一切行动要受到公开宣布的规章和法律的约束，每个公民都能根据这些规章来监督政府的行动，看它是否遵守了这些规章，只有这样，政府的行动才不会因人而异，权力才不会被滥用；所谓法治，就是不容许特权的存在，不容许一切特定人物在法律上有特殊的权利，就是保障"法律面前人人平等"。

哈耶克所说的"自由选择机会"与"法治"，同私有制、市场经济、自由竞争是分不开的。他虽然反对国家干预，却强调国家在保证人人有"平等的机会"和自由竞争顺利进行方面的作用。他认为，国家的作用是重要的，如果现实社会中还不具备充分的自由竞争条件，国家的任务就在于创造这种条件，特别是运用立法手段来创造这种条件。

另一方面，哈耶克又百般诋毁社会主义制度，他把社会主义国家看作是"独裁者"、"极权政治"、"拥有极大的垄断权的国家"，认为它"丧失了理智"，"取消了自由"，等等，真是无所不用其极，表现了对社会主义制度的刻骨仇恨。

十分明显，哈耶克所谓"法治"，就是资产阶级专政，所谈的"自由"、"自由选择"、"机会平等"，只是纸上的东西，说到底，是资产阶级专政的遮羞布，是用来欺骗广大人民群众的。大家知道，自由如果同劳动摆脱资本的压迫相抵触，那就是骗人的东西。而哈耶克的所谓"自由"、"自由选择"等等，正是以私有财产制度、资本对劳动的剥削和压迫为前提的。在资本主义条件下，土地、工厂、股份公司等等都是私有财产，失业者能在这里"自由选择职业"吗？能在这里自由劳动吗？显然是不可能的。要保障每个公民的劳动权，要能自由选择，就首先要没收这些私有财产。当劳动者受资本奴役，为资本家做工而被压得喘不过气来，被抛在街头而无工可做，饥寒交迫的时候，"自由选择"是什么呢？这是骗人的东西。同样，不分等级和阶级，百万富翁和穷光蛋一律"机会平等"，也是骗人的东西。在现代资本主义条件下，不可能做到"机会平等"，因为生产资料私有制妨碍人们享受这种平等，因为存在着劳动与资本的对立，存在着一小撮垄断资产阶级与广大人民群众的对立，他们之间是极不平等的。要达到平等，就必须消灭阶级，"平等的概念如果与消灭阶级无关，那就是一种极端愚蠢而荒谬的偏见。"①只有在建立了社会主义制度以后，人民群众才能真正享受自由和平等之类的民主，正如列宁所说的，"无产阶级民主比任何资产阶级民主要民主百万倍"。② 在哪一个资本主义国家里，广大人民群众能够多少像在社会主义国家那样，享有受教育的权利和劳动的权利，充分发挥自己才能的机会呢？享有维护自己合法利益的权利，享有推选劳动人民自己的代表去管理国家、建设国家的自由……呢?!

大家知道，法律体现统治阶级的意志，是阶级专政的一个重要工具，是上层建筑的重要组成部分。它为一定的经济基础所决定，用以巩固和发展对统治阶级有利的社会关系和社会秩序。哈耶克把法律制度看作是超阶级的，完全是为了掩饰资产阶级的统治。在资产阶级革命时期，为反对封建专横和等级特权，提出立法、行政、司法"三权分立"、"保障人权"、"法律面前人人平等"等原则，这对于资本主义生产关系的确立和社会生产力的发展，是起过积极促进作用的。而在当前垄断资本主义时期，资产阶级的法律制度则是用以巩固垄断资本的反动统治，是对工人阶级和广大人民群众实行专政的工具。所谓"法律面前人人平等"等原则，现在已经不仅是骗人的东西，而且是企图用以迫使劳动人民服服帖帖受垄断资产阶级的残酷剥削和压迫的手段了。资产阶级法律的核心，资产阶级政府的主要任务，都是维护资本主义私有制，保护资本主义制度。哈耶克把资本主义的法律和政府、法治和人治对立起来，是十分荒谬的。实际上，法律是百万富翁制定的，政府是百万富翁内阁，它们都是资产阶级专政的工具。

从哈耶克的所有理论观点，特别是他的"理想社会"可以看出，哈耶克新自由主义代表着垄断资产阶级最保守、最反动的意识形态，比其他资产阶级经济学说更露骨地反对无产阶级、反对马克思主义、

① 《列宁选集》第3卷，第838页。
② 《列宁选集》第3卷，第634页。

反对共产主义。如果说，凯恩斯主义虽然也在思想意识方面担负着为资本主义辩护、反对马克思主义的任务，但它主要注重资本主义的实际政策，并在这方面起了相当大的作用，那么，哈耶克新自由主义主要是执行辩护的职能，竭尽全力在思想上和理论上为垄断资产阶级和帝国主义效劳，是最反动最无耻的垄断资产阶级的辩护士。